U0827181

你的第一本创业书

缪劲翔　孙　彤　主编

首都师范大学出版社
CAPITAL NORMAL UNIVERSITY PRESS

图书在版编目(CIP)数据

你的第一本创业书 / 缪劲翔,孙彤主编 . —北京:首都师范大学出版社,2017. 7(2018.10重印)

ISBN 978-7-5656-3574-8

Ⅰ. ①你… Ⅱ. ①缪… ②孙… Ⅲ. ①大学生—创业 Ⅳ. ①G647. 38

中国版本图书馆 CIP 数据核字(2017)第 128325 号

NI DE DIYIBEN CHUANGYESHU

你的第一本创业书

缪劲翔　孙　彤　主编

责任编辑　孙少红　陈娇娇

首都师范大学出版社出版发行

地　址　北京西三环北路 105 号

邮　编　100048

电　话　68418523(总编室)　68982468(发行部)

网　址　www.cnupn.com.cn

印　刷　三河市博文印刷有限公司

经　销　全国新华书店

版　次　2017 年 7 月第 1 版

印　次　2018 年10月第 2 次印刷

开　本　787mm×1092mm　1/16

印　张　8. 5

字　数　110 千

定　价　21. 80 元

编委会

目 录

第一章
什么是创业

1.1 传说中的“创业”究竟是什么？

1.2 去上班还是当老板？

1.3 我适合创业吗？

1.4 不想创业应该怎么做？

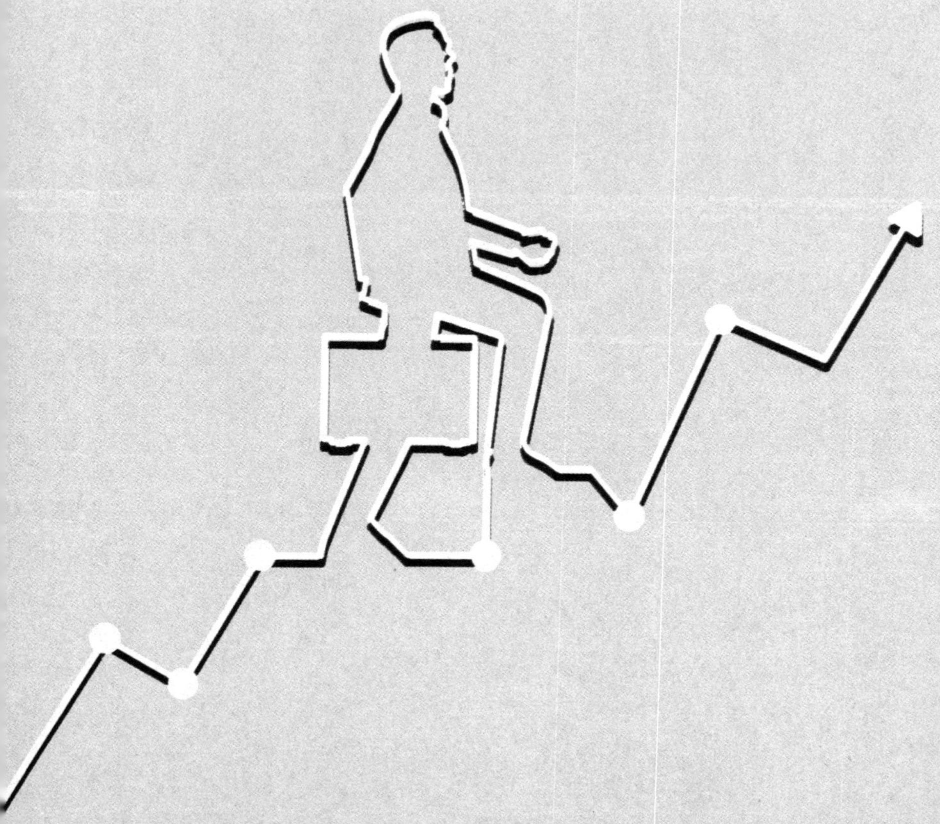

1.1　传说中的“创业”究竟是什么？

“大众创业，万众创新”是时代潮流，可究竟什么是“创业”呢？

对于创业，管理学和经济学中有各式各样的定义，对于没有经过经济管理专业知识学习的大学生来说，理解起来比较困难，我们尽量选择通俗易懂的解释方式来给创业下个定义。

从广义的角度来说，创业可以被看作是创立一项“事业”，比如开始从事某一份工作，出版一本图书、完成一项活动、创立一个社团，乃至组建家庭等。但狭义的创业则仅指个体或公司化的经营活动。也就是说，具有开创精神和风险承担能力的创业者，通过资源整合，挖掘市场机遇，设计出符合客户需求的产品或服务，并将其销售出去获得收入的过程。

当然，对于对经营知识了解不多的大学生来说，上述关于创业的概念仍然略微复杂了一些，如果我们用虽不精确但最简单的语言来描述，所谓创业可以总结为三个字：

卖东西！

虽然只有短短三个字，但这三个字却包含了创业这一概念最重要的两个方面——“东西”说明了创业的产品，可以是实体商品，也可以是服务；“卖”则说明了创业中最重要的是商业模式和盈利模式，即如何通过销售商品及服务来满足客户的需求，获得收入与利润。

“卖东西”虽然听起来品位不高，与我们从媒体上获得的对创业的印象可能大相径庭，但同学们也绝不可小看这三个字。有没有东西可卖，卖给谁，能不能卖得出去，卖出去了能不能赚钱，这都是值得思考的问题。这几个环节当中有一个环节不成功，创业的过程就有可能失败。

创业，是一件既简单又复杂的事情。

说它简单，是因为创业的逻辑很清楚，过程不复杂——把产品卖出去，把钱收回来。这件事情比进行基础科学研究、发明高科技武器、探索外太空这样的事情都要简单。创业者是否有资格进行创业，与其所学专业、学历水平、家庭出身都没有必然的关系。可以说，这是一个对年轻创业者来说最好的时代，只要同学们有想法有信心，就可以去进行创业实践。

但从另一个角度来看，创业又是一件很复杂的事情。虽然创业过程对创业者的学历和出身都没有要求，但是对创业者的智商、情商及胆商都提出了更高的要求。创业者不仅要有洞察商机、把握市场的能力，要有产品设计和销售渠道建立能力，同时还需要组建团队、运营管理。可以说，创业之所以复杂就在于创业者既要各方面能力都很突出，又要有能承受各种风险、压力的强大的意志品质和百折不挠的执着精神。创业好比走迷宫，找到正确的方法和路径，就能够成功找到出口。如果没有地图，也没有导航仪，即使路径再简单，也有可能原地踏步，甚至误入歧途。

创业确实不易！

大学生创业
写代码 C++
Java各种编码
5元一百行
王大妈煎
饼果子
5元一份

1.2 去上班还是当老板？

近些年大学毕业生越来越多，大学生就业也越来越难。求职，还是创业，这是亟待解决的问题。

在讨论这个问题之前，首先要提醒同学们注意的是，不要把创业看得比求职高级，认为创业“高大上”，求职太“low”，仿佛只有自己当老板才是值得羡慕和推崇的，仿佛通过创业，就可以当上CEO，搞定“白富美”或者“高富帅”，走上人生巅峰了。我们很多媒体出于炒作目的，对许多创业者，尤其是大学生创业者进行了过度的美化、包装和不实报道，让大学生对创业的真实情况产生了不切实际的幻想，而没有让大学生认识到创业的残酷性，这是要不得的。

其实，创业和求职没有本质上的区别，都是一种生存和生活方式。只不过，创业和求职有些特征上的不同，这些不同导致了有些人适合上班谋生，有些人则适合自己当老板。

首先，求职和创业最大的不同在于个人承担的风险量不同。创业者要自己承担企业运营的风险，赚了赔了都不确定。创业者每生存一天，就要负担一天的人力和运营成本，不赚钱就没法生存下去。而求职者则不需要承担亏损的风险，只要按时上下班，认真工作，就可以拿到相应的薪酬。可以说，上班是一桩“只赚不赔”的生意，只要坚持上班，就能持续赚钱，充其量面对的只是“赚多赚少”的问题，赔钱的风险被企业和老板承担了。如果非要说求职者也有风险，那么更多的是机会成本带来的风险，比如朝九晚五的上班，错过了许多干别的事情的机会。

其次，求职和创业的不同，还体现在对个人能力特征的要求上。求职强调的是专业对口和岗位匹配。一个求职者的能力不一定要面面俱到，但一定要在某一方面很专业。只要有一技之长，能够脱颖而出，就可以在人力资源市场上立于不败之地。但创业者则必须是一个多面手，各方面能力都要比较突出。单方面能力很突出，但其他方面能力有所欠缺的人是很难成为一个合格创业者的。比如一些工程师，在技术方面能力很突出，却在管理方面很低能，结果创业失败。

最后，求职和创业在自主性方面也有不同。求职强调的是按部就班和严格执行，大多数岗位对求职者都有明确的岗位描述和工作职责，即使有发挥和创新的空间，也仅限于本职工作。而初创企业因为是“一张白纸”，时刻都处于成功和失败的边缘，因此就要求创业者要时刻创新，绝不能单纯照搬照抄大公司的运营方式和工作流程，一定要根据市场变化和客户需要，随时调整自己的创业方向和策略，在保证生存的前提下谋求发展。

求职与创业并无高低贵贱之分，关键在于弄清楚自己适合过什么样的生活。如果你是一个“螺丝钉”式的人才，更希望获得一份稳定的收入，那么你比较适合找一份工作。如果你是一个各方面能力都很突出、具有创新精神的人，不甘于成为商业系统里的一个零件，你可以考虑成为一个创业者。从统计结果来看，大多数大学生都是先求职，当积累到一定程度的工作经验再考虑创业。当然，对于那些要求职的大学生而言，学习一些创业知识，也是大有裨益的，可以将创业知识运用到以后的职业生涯发展过程中。

创业老板
象征性工资
十分微薄
员工薪水 丰厚

1.3　我适合创业吗?

一个人是否适合创业，需要从许多维度去考量，比如资源、渠道、领导能力、沟通能力、协调能力、抗压能力，以及拼搏精神等等。有许多相关的测评和软件可以帮助大学生去了解自己是否适合创业。关于创业者的素质模型，学术研究也给出了多种评价标准。通过对众多成功创业者的特征分析，我们总结出了适合创业者的三大特征：

勇气，执着，领导力。

勇气，是所有创业活动的肇始。大多数创业者的创业活动，都是从“一穷二白”的情况下开始的——要资金没资金，要产品没产品，要团队没团队，要品牌没品牌，要渠道没渠道。只有靠勇气才能走出这最难、最惨的一步。没有人会向创业者承诺，创业一定会成功，否则岂不是人人都会选择创业？正是这种不确定性让创业充满了风险，也正是这种风险考验了一个想要创业的人是否真正具备面对风险的勇气。“前怕狼后怕虎”，在机遇面前犹豫不决，在风险面前逃避退缩，这样的人是不适合创业的。

当然，有了勇气，敢于承担风险，敢于下海试水，并不能保证创业的成功。很多时候，这只是万里长征的第一步。下决心创业难，坚持创业更难。下定决心的那一天，也许还有悲壮和豪迈的感觉，而真正开始创业的日子，则如同柴米油盐酱醋茶的家庭生活，充满了细节和琐碎。客户的抱怨，人员的离职，政策的改变，手头的拮据，无时无刻不在考验着创业者的耐心与毅力。

因此，比勇气更为重要的意志品质，是能够坚持到底、持之以恒。没有哪一个创业项目是能够一蹴而就的，世界上也没有哪个伟大的公司是一天建成的。许多创业企业都是经历九死一生，在多年的奋斗之后才逐步走向成功的。大学生经常被社会描绘成“不靠谱”

群体，就在于很多时候，大学生没有表现出持之以恒的精神，不能够坚持做好一件事。学习要执着，创业更要执着，喜欢三天打鱼两天晒网的同学，是不适合创业的。

很多创业者虽然各方面能力都比较突出，但是谁也不是天才，更不是全才。退一步讲，即使我们是全才，也不可能有时间去做所有事情。成功的创业者一定要学会用人，没有团队的创业者注定是孤家寡人，是很难将创业的规模做大的。很多优秀的企业家其实自己并不是产品方面的专家，有的甚至不是管理企业的专家，但是他们有能力将技术专家和企业管理人才聚集在自己的身边，让他们发挥自己的特长，弥补自己能力上的缺陷和不足，从而创造出了伟大的企业。这些人才凭什么围绕在创业者周围呢？这是因为创业者具有领导力。领导力就是决策力和影响力。专家只能策划方案，解决专业问题，最终决断还得创业者自己来，决策力直接关系到企业的未来走向、兴衰成败。除了物质利益之外，创业者要依靠自己的魅力、品格和领导艺术凝聚团队、激励人才。毛泽东说，领导工作千头万绪，归结起来就是做两件事情，一是出主意，二是用干部。创业者就是这样，提升领导力，不仅要会出主意、选主意(决策力)，还要会领导团队(影响力)。简单地说，创业的决心，不能别人替你下，创业之路，也不能别人替你走，但创业路上你必须找到更多能和你互补的人同行。

切记，唐僧一个人是完不成西天取经的使命的。

有谁想创业！跟我走！
创业万岁！
创业万岁！
创业万岁！

1.4 不想创业应该怎么做?

不想创业，很正常，不是什么坏事。对于大多数本身就不适合创业的大学生来说，不选择创业，踏实求职，认真工作，反而能够有效地规避风险和损失，求职不失为一种合理的选择。

对于不想创业的同学来说，首先要做好求职的准备。

求职并不是大四才要考虑的事情，如果大四时想找到一份好工作，那么大二大三就应该积极地参与实习和兼职，积累职场经验。同时应该提前准备好简历，提前做好结构化面试和无领导小组讨论等多种面试的准备工作，购买或租赁合适的职业装，打造出良好的职业形象，完成基本商业礼仪常识的学习和准备事宜。

同时，不想创业不等于不用关注创业，创业虽然有风险，但创业精神是新时代每一个大学生都需要具有的精神，管理和经营知识也是新时代每一个大学生都需要具备的基本知识。比如通过营销能力的学习，可以提升在公开场合的表达能力；通过企业经营模拟沙盘，可以提升决策力和系统思维的能力。所以，即使不想创业，大学生也应该积极接受创业教育，努力参与创业实践。通过创业教育和实践，大学生能够学会从“老板”的角度考虑问题，在求职的过程中换位思考，与用人单位的需求相匹配。怀着“老板”的心态工作，没准儿能够更快速地升职加薪，这是学习和体验创业的“意外收获”。

另外，我们也应该怀着发展的眼光看待创业这件事。今天不想创业，不代表明天不想创业；今天不能创业，不代表明天不能创业。很多时候同学们不想创业是时机还不成熟，没有足够的启动资金、行业资源和抗风险能力，也许在工作若干年以后，逐渐具备这些条件了，之前不想创业的小伙伴也可能产生了创业的愿望和需求。

所以，除了做好求职准备工作和学习创业知识以外，应该积极地做好创业资源的储备工作。

这个“资源”一方面是本专业的行业资源，比如理工科的同学应该跟踪技术前沿，通过本专业的学术活动接触到行业最先进的理论和技术，文科类、艺术类专业的同学应该与本专业的专家和“大咖”建立良好的关系，尤其是通过学校老师的关系和介绍，接触到行业的龙头单位和核心人脉圈。

另一方面，“资源”意味着团队的建立。经过对多位创业者的访谈和调查，我们发现创业者在最终的创业活动中，选择自己的大学同学作为合作伙伴的比例非常之高。这是因为大学同学纯粹出于“偶然”聚在一起，没有那么多复杂关系。加上大家有着相同的志趣和专业背景，又有在一起生活多年的经历，彼此建立了比较牢固的友谊和信任关系，这些条件都成为大学同学之间合伙创业的天然优势。

所以，即使不想创业，也应该在大学期间与同学建立良好的关系，为自己未来有可能开展的创业活动积累“合伙候选人”。

上来吧，
当员工好！
企业号
下来吧，
创业好哇！
创业号

第二章
市场分析与项目选择

2.1 项目创意从何而来?

项目创意是创业的开端。创业者在寻找、发现和识别创业项目之前，首先要进行的就是反躬自省，从自己本身所拥有的资源和优势出发，先考虑自己“想做什么且能做什么”，再看看这些能做的项目，哪些能够有效满足客户需求、实现变现。

大学生创业者的优势可能不在资金上。理论上讲，如果一个创业者有足够的资金，他可以直接通过金融手段进行增殖和赚钱，比如购置房产、股票、期货、贵金属等，他也可以雇用成熟的团队来实现任何领域的经营活动。从这个意义上来说，如果一个创业者的优势是拥有足够的资金，那显然他已经不是一个创业者，而是一个投资人了。

大学生创业，主要应从自己的所学专业和熟悉渠道寻找和挖掘创业机会。一般来说，本专业内创业，更容易通过同学关系组建创业团队。在这个过程中切忌人云亦云，看什么项目热门做什么，总觉得别人的项目赚钱很容易。其实每个项目都有他的专业性，每个创业团队也都有他的核心竞争力，这些往往从外部是很难看出来的。牢牢把握住自己熟悉的专业和领域，才能有效降低创业的风险。

当知道了自己所能从事的领域以后，就应该到生活中去寻找消费者的需求。什么是需求呢？其实换一个词来描述，就是“痛点”。凡是让消费者感觉“痛”的地方，都是创业机会。我们可以从身边许多熟悉的生活场景看出“痛点”是如何催生创业项目的：出门逛街要花费大量时间，购买的商品价格又高，让宅男、宅女们觉得很“痛”，于是电子商务平台诞生了；孩子学习成绩不好，考不上名牌学校，让家长觉得很“痛”，于是各种补习机构和培训学校应运而生；看病难、挂号难，让患者和家属觉得很“痛”，于是互联网医疗产生了；出租车难打、司机服务态度差，让乘客觉得很“痛”，于是网约车平台和专车公司诞生了……这样的例子比比皆是，如果我们仔细观察，一定会发现每一个好的项目都有效地降低了消费者的“痛”，于是获得了成功。

那么，我们还有机会吗？

答案是显而易见的。尽管我们的很多“痛点”已经被有效解决，但一方面，“痛点”可能会带来新“痛点”。例如，电子商务平台让我们不用出门就能买到性价比高的商品，然而电子商务平台越来越多，销售模式花样越来越多，让人挑得眼花缭乱，于是“购物比价助手”诞生了；另一方面，更多的“痛点”仍然在“折磨”我们——我们希望能够借助个人飞行器飞行，我们想让自己的寿命更长，我们想变得更美丽，我们想更有效地沟通，我们想不再堵车……我们身边的“痛点”还远远没有被解决，随着社会的发展，更多新的“痛点”又被催生出来，比如，环境污染问题，电子垃圾问题，心理健康问题，等等。

真正的创业者，在社会的“痛点”面前不应该抱怨，而应该激动和兴奋，因为每一个“痛点”对应着一片广阔的市场，而每一片广阔的市场又将会催生许多足以改变世界的伟大公司。所以，现在就去抓住生活中的“痛点”，找到适合你的创业项目。

火星登陆、移民、绿色生物化一体工程
资金募集中

2.2 市场调研的方法有哪些?

许多创业者很着急，选择创业项目的时候忽视市场调研环节，仓促上马。有的创业者认为市场调研环节可有可无，不够重视市场调研，把大量的时间、精力和资源都花在了产品设计和渠道推广上。殊不知，选择不对、努力白费，在市场调研环节不用心、不花时间，选择了错误的创业项目，甚至打算进入根本就不存在的市场，这样注定会失败。因此，一定要高度重视市场调研，把创业失败的风险扼杀在摇篮里。

那么，常用的市场调研方法有哪些呢?

首先，最直观的市场调查方法就是观察法。所谓观察法就是创业者去实地观察消费者的需求和行为，如客流量、目标客户出现最多的场所、客户对类似产品的反应等等。同时，创业者应观察已经成型的标志性企业是如何运作和管理的，比如快餐行业应重点观察肯德基和麦当劳，而饮料行业则必然要研究可口可乐，教育行业则需要了解新东方的产品与管理方式。观察所要创业领域的龙头企业，是成本最低、最有价值的市场调研方法。龙头企业都有大量的服务网点可以观察和体验，针对龙头企业的研究资料也非常之多，研究起来更为容易。

其次，使用最多的方法就是抽样问卷调查法。抽样调查是从全体调查对象中选取具有代表性的消费者进行调查，从而根据抽样调查的结果推断市场的整体状况。问卷调研法的优点是可以批量复制，统计起来比较方便，可以用 SPSS 等软件进行分析，能够推断出市场的基本情况。但是抽样问卷调查也存在着一些缺点，比如问卷的题目都是预先设定好的，缺乏个性化，客户在回答问卷的时候心态千奇百怪，可能反映不出他们的真实想法。另外，选择抽样问卷调查的对象也非常重要，选错调查对象，调查结果可能大相径庭。比如，对一个高端汽车服务项目进行市场调研，如果调查对象选择了并没有收入的大学生群体，就可能得出错误的结论，因为大学生中拥有汽车的毕竟是凤毛麟角。

最后，为了弥补抽样问卷调查的缺陷，可以采用目标客户访谈法。访谈法选取创业项目本身的目标客户群体中最具有典型特征的代表，以当面、电话或电子邮件的形式向被调查对象提出问题，获得所需调查结果。访谈法信息量比较大，获得的资料真实性比较强，调查回收率较高，能够比较全面地反映目标客户的心理动机。但是访谈法的弊端也很明显：第一，调查的范围不可能太广，只能根据个别目标客户的反馈推断整体市场状况；第二，访谈法调查的成本较高，需要大量的资金成本和人员成本；第三，访谈法的随意性相对较强，因此技术性很强，很多时候调查质量取决于调查人员的素质和配置，容易出现主观上的误差。

当然，市场调研的方法远不止这些。创业者可以根据自己所要创业领域的特点，选择适合自己的调研方法，尽量做到未雨绸缪，少走弯路。

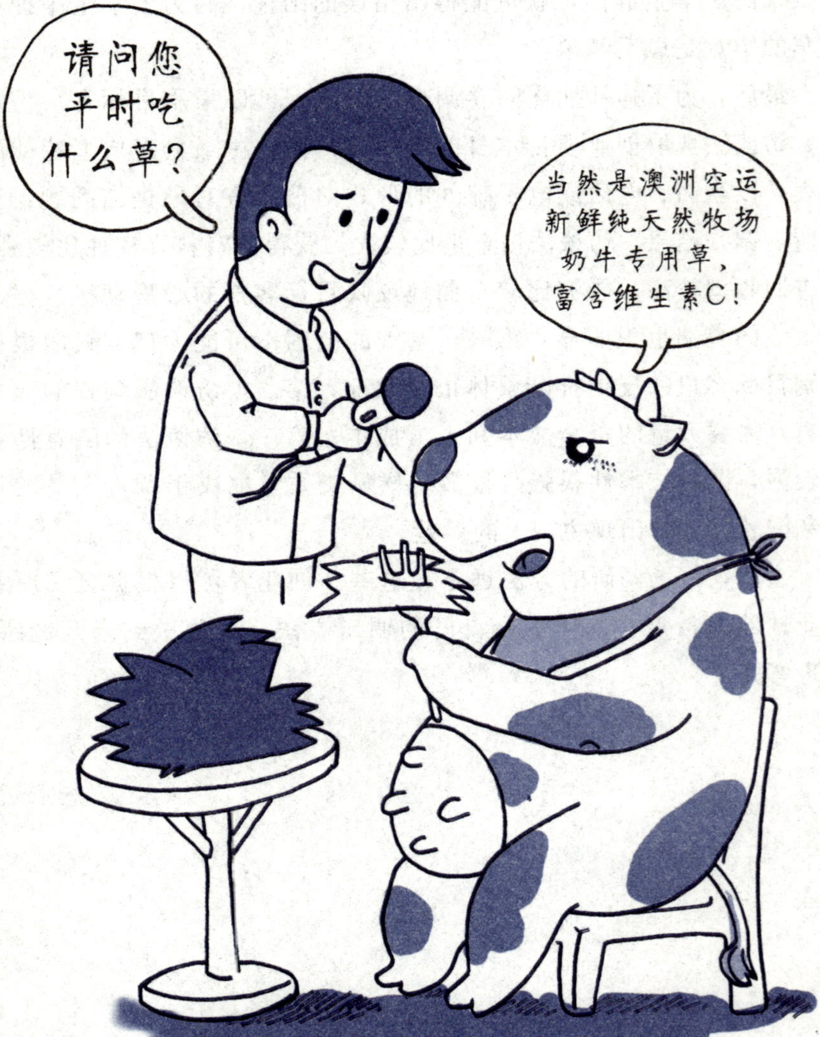
请问您平时吃什么草？
当然是澳洲空运新鲜纯天然牧场奶牛专用草，富含维生素C！

2.3　如何调查竞争对手的情况？

《孙子兵法》中曾有这样一段大家耳熟能详的话："知己知彼，百战不殆；不知彼而知己，一胜一负；不知彼，不知己，每战必殆。"这句话不仅适用于军事方面，在创业过程中也同样适用。充分地、客观地评估已有竞争对手的实力和运营管理水平，是创业初期进行市场分析的重要手段，对创业者来说十分重要。只有对竞争对手进行了全面的摸底，自己才能少犯错误，从而扬长避短，实现"弯道超车"。

对竞争对手的调查大致分为如下几个方面：

首先，要调查竞争对手的企业概况，尽量摸清楚竞争对手的"底牌"。大多数信息是可以在相关企业信用网站上查询到的，如企业注册时间、注册资金、股东是谁，以及是否接受过处罚等。有些信息则需要通过一些行业研究报告获得，尤其对于上市公司来说，企业的财务状况是要按季度公开的，从上市企业的季报、半年报和年报中就可以看到企业的经营状况、人力资源状况及财务状况。对于无法获得公开数据的竞争对手，则需要通过对其进行业务分析，反过来计算竞争对手的经营状况。

其次，要调查竞争对手的产品和服务。如果竞争对手提供的是实物类的产品，则可以从市场上购买一个商品进行拆解，分析其设计原理和工艺流程，判断竞争对手的关键技术所在和核心竞争力是什么。如果竞争对手提供的是服务类的产品，则应付费亲自体验其服务，将其整个服务过程和环节记录下来，作为完善自己产品的依据。同时，还要分析竞争对手产品的市场占有率，要注意跟竞争对手的主打产品有所区别。

最后，要调查竞争对手的商业模式。创业者要弄清楚竞争对手的目标客户群体和具体的运营模式是什么。最关键的是弄清楚竞争对手是如何盈利的，现阶段的盈利状况如何，是否有融资支持，等等。

同时，我们要认识到，存在竞争并不是坏事。竞争对手既是我们的敌人，也是我们的朋友。对于没有竞争的行业，创业者反而要谨慎进入，要么这个行业还尚未被市场接受，要么这个行业已经被完全垄断。通过竞争，整个行业的蛋糕得以做大，虽然每一个企业获得的市场份额可能缩小了，但是因为市场变大了，反而每个企业的营业额和利润都得到了更大的提升。因此，每个创业者都要把目光放长远，有竞争才能使行业发展，行业有了发展，每个企业才能有更大的收益。除了某些准入性的特殊行业，如果某个行业粗略看来已是巨头林立，机构众多，似乎已无机会，但实际上巨头再多也无法垄断所有市场份额。对于创业者来说，巨头与巨头之间的市场空隙，正是新的市场切入点。如果创业者通过调研竞争对手，发现了这些有价值的切入点，就可以开创新的模式，从而以小博大，以弱胜强，在残酷的市场竞争中扎下根来，开创属于自己的事业。总之，了解竞争对手是创业者进行市场调查的必修课之一。

哥们儿，打听个事儿，咱们一般都喜欢去哪儿吃草？

2.4 如何以最低的成本开展试运营?

纸上得来终觉浅，绝知此事要躬行。

市场调研的方法再多，其实大多都是“二手”方法，有时候这些方法调查出来的实际情况往往与市场现实大相径庭。比如，目标客户可能在问卷调查中信誓旦旦地表示一定会购买你的产品，于是我们根据这一结果，开始大张旗鼓地租赁办公场地，招募员工，设计推出产品，可是当实际产品摆在他们面前的时候，他们却根本不会掏钱了，损失可想而知。

因此，市场调查结束以后，最重要的不是注册公司、招兵买马，而是通过低成本的方式开展试运营。正规运营的成本主要来自于正规的场地、正规的产品形态和正规的客户，只要在这三个方面把成本降低下来，就可以有效地开展试运营。

首先，可以用临时性的场地替代正规的场地。对于许多初创企业而言，正规的场地是最大的成本，租赁时间至少一年以上，房租的支付往往都是年付或半年付，而且还有房屋押金。一般提供服务的场地都需要装修，这也是一笔不小的一次性投入。项目一旦启动后发现不可行，再去退租房屋，装修费用和违约金肯定会损失掉。如果产生纠纷，可能已支付的房租也无法退回，损失惨重。因此，在试运营阶段，应尽量选择在临时性的场地进行试验，如租赁性的酒店、公寓，服务式集中办公区，学校或政府提供的众创空间，借用其他公司的场地，甚至利用自己家的住宅等。即使试运营失败，这些临时性场地的开销也并不大，可以随时控制支出。

其次，可以用样品和原型服务替代正规的产品形态。正规的产品需要有正规的包装，产品生产的许可，甚至需要注册商标。许多需要批量化生产的产品的一次性开模费用和原材料的集中采购费用非常高，生产十件产品的成本和生产一千件的成本可能差不多。最典型的就是图书的出版，印制的册数越多，则单本书的成本越低，但这又产生了库存压力与销量的问题。因此，在试运营阶段，应用样品来代替成品进行试运营。虽然生产样品的成本有可能比成品的单价高，但是总成本可控，需要多少就制作多少，试运营失败就不再制作样品。另外，提供服务也可以先试运营，提供服务的设备、工具都可以借用和租赁，服务流程也可以口头介绍，不必提供印刷资料，这些都能大幅度降低成本。

最后，可以用亲朋好友替代正式客户。正式客户对产品和服务的要求很高，创业者是没有办法用样品和原型服务来给正式客户服务的，正式客户也会提出各种要求，如签订正式的合同，开具发票，等等。因此，在试运营阶段，可以用亲朋好友来代替正式客户，通过服务亲朋好友来验证产品和服务的有效性，同时在验证的过程中不断搜集反馈意见，从而获得产品的改进信息，不断进行升级迭代。

当然，试运营永远是试运营，而不是正式运营，试运营无法成功的模式，正式运营成功的可能性就会小很多，因此要根据试运营的效果，规避正式运营的风险。需要指出的是，试运营成功当然也并不意味着正式运营一定成功，但是试运营必然能够帮助创业者积累经验，助力正式运营。

欢迎您乘坐
嘟嘟快车，
大学生初创企业
请多多支持哦
嘟嘟快车
打造零排放
网约车
...

第三章
组建创业团队

3.1　你是一个合格的创始人吗?

创始人，是一个创业团队的灵魂。

严格意义上来说，一个创业公司的创始人只能有一个。创始人是公司的领袖，也是公司的“带头大哥(大姐)”。一个团队的领袖只能是一个人，就像公司的法人代表、董事长、总经理都只能是一个人一样。当然，公司的法人代表、董事长和总经理并不一定都非得是创始人，但这种唯一性是类似的。即便是哥俩合伙创业，但也并不是说二人都是团队领袖，私下里感情好归感情好，但是要创业就必须理性，必须明确谁是“带头大哥(大姐)”。

对创始人来说，他的所有聚焦点都应该放在“做正确的事情”上。所谓“正确的事情”，就是创业公司的发展战略。对于成熟的公司来说，严格的管理经营流程和有效的执行力很多时候比公司战略更重要，但对于初创公司来说却恰恰相反，公司战略大多数时候比努力执行更为重要。

还是那句话：选择不对，努力白费。

创业公司如果战略选择出现了错误，执行力越强反而越危险。许多创业公司的失败并不是因为团队不够强大、执行不够坚决，而是因为选错行业、找错模式，在错误的道路上越努力、越勤奋，失败得就越惨、越彻底。因此，对于创始人来说，最重要的能力就是战略眼光和决策能力。拥有特殊才能，执行力很强，但缺乏全局眼光和战略思维的人，是不适合做创始人的。

那么，什么样的创始人才是合格的创始人呢?

首先，创业团队的创始人需要有敏锐的商业嗅觉和市场敏感度，能够看到其他人看不到的商机，在竞争激烈的红海中找到利用自己资源可以切入的蓝海。可以说，创始人就是一个团队的“导航仪”，指引着团队向预定的目标前进。

其次，作为团队的创始人，要能够有效判断决策的可行性，从而做出正确的战略决策。市场机遇对于每一个创业者来说，都是瞬息变幻的。在市场机遇面前，决策稍有犹豫，“改变世界”的机会就有可能与自己擦肩而过。因此，当机立断的决策能力，是创始人最基本的领导素质。

再次，团队的创始人应身先士卒，以身作则，将风险和压力留给自己，将安全和利益留给团队。一个好的领导者，并不是坐在车上指挥团队拉车，而是跟团队站在一起，给团队指明前进的方向，带领团队一起走向成功。

最后，创始人应该看到团队中每一个成员的付出，认可每一个人的贡献，在利益分配上尽量做到公平公正，不带个人私心，不搞小团体，真诚对待团队中的每一个人。

商业嗅觉、有效决策、身先士卒、公平分配，做到这四点才能成为一个创业团队的合格创始人。

创业超人特殊技能：
敏锐洞察一切市场信息的X射线眼光
无敌!!!

3.2 为什么选合伙人比选男女朋友难?

所谓合伙人，就是与创始人一起共担风险、共享收益的合作伙伴。在创业初期就加入团队，与创始人一起发起一个创业项目的合伙人称为“联合创始人”。合伙人也可以在创业公司成立以后再加入。

严格意义上来说，合伙人一般都应该是公司的股东，以自己的出资额为限对创业公司承担债务风险。但从实际操作层面来看，合伙人合作的形式可以多种多样。有的初创公司为了锁定合伙人长期合作，在工商登记层面只有创始人一人的股份，创始人与合伙人之间有代持协议，即创始人代为持有合伙人的股份。一旦合伙人达到了协议约定的条件，如在创业公司连续工作三年，公司引入新的投资，甚至开始筹划上市之时，创始人就可以将代持的合伙人的股份在工商登记层面转让给合伙人，实现真正的确权。

合伙人要关注的是“正确地做事情”。合伙人与创始人的配合体现在价值观高度一致，工作风格和特长高度互补，这样的团队才是稳定和有力量的，从而实现“正确地做事情”。

那么，对于创始人或者创始团队来说，如何挑选合适的合伙人呢?

首先，合伙人与创始人，以及与多位合伙人的价值观要统一，发展战略也要统一。对于选择合伙人的创始人来说，对于价值观跟自己不吻合的合伙人必须一票否决，坚决不用。比如，创始人想的是勤奋工作，快速发展，而合伙人想的是好逸恶劳，小富即安；创始人想的是如何守法经营，为客户利益负责，而合伙人想的是怎样突破道德甚至法律的底线，投机取巧，一夜暴富。这种价值观的冲突是不可调和的，创始人如果选择了跟自己价值观不一致的合伙人，无异于给自己的团队埋下了一枚定时炸弹。

其次，合伙人与创始人的资金投入能力、风险承受能力要相当，也就是我们经常说的“门当户对”。创始人如果经济条件比较好，创业资金多，就能够承担比较高的风险，敢于做大的投入。而如果合伙人经济条件较差，可承担的风险较弱，一旦初创企业有了盈利，就有可能出现创始人希望将利润用于追加投入、扩大规模，而合伙人则希望尽快分红的局面。这种矛盾一般来说是很难调和的。团队的风险承受能力是以团队中风险承受能力最弱的人为标准的。

最后，合伙人与创始人在特长和性格方面要有所互补。比如创始人擅长技术和产品设计，那么就应该找擅长营销和市场推广的合伙人。创始人如果性格比较急躁、管理风格相对粗糙，就应该选择性格温和、管理风格较为人性化的合伙人。总之，创始人尽量不要选择特长和性格跟自己过于接近的合伙人，这种组合会导致团队的优势和劣势都过于明显，这对创业团队来说，是极为不利的。

能做好朋友、好哥们儿，不等于能做合伙人。男女朋友好找，但合伙人不好找。找错合伙人，往往是许多创业团队失败的根源。

每天自拍
300张的
白美美
无脑人生
赵小胖
纯正
杀马特血统
朋克弟弟
“超级合伙人”
选拔中

3.3 平分的股权结构错在哪里？

“天使投资圈”对大学生创业项目，有个一票否决的投资“潜规则”，那就是不投股份完全平均分配的团队。

所谓平分的股权结构，是指一个创业公司如果有 2 个股东，每个股东占股 50%；有 3 个股东，每个股东占股 33%；有 4 个股东，每个股东占股 25%……以此类推，如果公司有 N 个股东，那么按照平分的股权来看，这 N 个股东每个人就持有 100%/N 的股份。

平分的股份有其合理性，对于初创企业来说，很难区分谁的贡献大，谁的贡献小，所以很多创业团队选择了平分股权的方式来体现公平性。平分股权结构听上去十分完美，体现了公平、正义、人性。然而实际上，随着企业的发展，这种股权结构的弊端会逐渐凸现出来。

许多团队的创始人认为，只要我掌握了 51%的股权，我就绝对控制了这家公司。实际上这种想法是完全错误的。公司的一个股东如果持有的股份超过了三分之一，即 33%，那么这个股东就拥有了一票否决权，他虽然不能决定公司的发展方向，但他可以否决公司的重大决议。那么，从另一个角度来看，如果创始人想完全控制住公司，自己的决策不被其他股东否决掉，创始人持有的股份就需要达到 67%以上。创始人持有的股份超过了 67%，就是拥有了对公司的绝对控制权，其他股东持有的股份无法获得一票否决权。如果创始人的股份达到了 51%以上，拥有对公司重大事项的决策权，叫作拥有了对公司的相对控制权。如果其他股东的股份高于 33%，创始人仍然有无法彻底执行自己决策的风险。

从这个角度看，只要是平分的股权结构，即使只有两个股东，创始人的股份也无法超过 51%。创始人在这种股权结构下，绝对控制权和相对控制权全部丧失。一旦其他股东与创始人发生分歧甚至矛盾，其他股东的股权比例如果超过34%就可以行使一票否决权，会使公司的所有重大决议作废，公司可能瞬间走到分崩离析的边缘。

当然，很多创始人都是在自己的同学和伙伴中挑选合伙人，一般来说都是有着良好信任关系的。创始人往往对股权结构设计不够重视，或碍于情面，或过于乐观，认为与朋友合伙不会出现问题。殊不知许多创业团队在风险和利益面前出现了矛盾与危机，如果没有安全合理的股权结构作为保障，创始人很有可能在最终的矛盾面前无法保住自己的公司。

从另一个角度来看，为了避免“三个和尚没水吃”的囚徒困境，任何一个创业团队都需要有一个承担最大风险也将获得最大收益的人来做主要的负责人，而这个人往往就是创始人。创始人创立了这个公司，就应该将这个公司视为自己的“孩子”，对它的生死存亡负责到底。如果股权是平分的，当风险来临的时候，股东之间就会互相推诿，谁也不愿意承担更大的风险；在利益面前，股东之间又会互相争夺，都觉得自己贡献大，觉得别人和自己分配同样多的利益不公平。

因此，平分的股权结构是创业团队应该尽量避免的一种股权结构，无论是从融资的角度，还是从最终决策和管理的角度来看，都不是好的选择。当然，很多时候股权过于集中与吸纳人才是矛盾的，这就要求创始人能够利用上述几个控制线的特点，通过设立有限公司或合伙企业作为母公司控制子公司一部分股权的方式，来调整控制权和分红权之间的矛盾，尽量做到“分钱不分权”，把更多的利益分配给合伙人，但把更多的控制权集中到自己手中。

我这边
只有49.9%啦
才不是!
明明是50.1%!

3.4 初创企业如何有效招聘员工?

员工需要做的，与创始人和合伙人完全不同，员工既不需要“做正确的事情”，也不需要“正确地做事情”，而是需要“把事情做正确”。

一个能把简单的事情做正确的员工，就已经是一个优秀的员工了。但是对于初创公司来说，别说招聘到优秀的员工，即使想招聘不太优秀的普通员工，也都是不太容易的事情。一般来说，企业的招聘主要是社会招聘和校园招聘两种方式，社会招聘针对的是有工作经验的往届毕业生，他们一般都有在其他单位工作的经历，这种员工如果换工作，就叫作“跳槽”。校园招聘则是针对没有社会工作经验的应届毕业生。

初创公司在招聘这两类员工的过程中，都存在一定的困难。

对于社会招聘的员工来说，他们因为有了一定的工作经验和工作年限，对薪酬的要求比较高，至少要有一定的薪酬增长幅度才会考虑跳槽。社会招聘的员工一般也倾向于选择行业内比较知名的单位和大的平台，不太愿意选择初创企业。同时，有工作经验的人员都或多或少的受到以前工作单位的文化影响，比较难融入新团队。

校园招聘则能相对比较好地规避社会招聘的问题，因为大学应届毕业生一般都缺乏工作经验，对薪酬水平的要求相对较低。同时，大学应届毕业生没有受到过工作环境的影响，相对比较单纯，利于培养。

当然，初创企业进行校园招聘也存在一定困难，因为初创企业成立不久，人员比较少，没有什么社会影响力，大多数初创企业也没有独立人事权，无法办理应届生的户口和档案接收。同时，初创企业在社会保险、住房公积金等福利方面也可能不太完善。这些因素都使大学应届毕业生在是否加入初创企业的问题上犹豫不决，甚至出现频繁试岗，导致初创企业人员流动性大。

对于初创企业来说，很多时候从熟人“下手”是招聘早期员工最有效的方式。熟人的范围可以是创始团队的亲戚、同学、室友、同乡，以及社团中的同事和下属，学生活动中结识的朋友，等等。之所以要在熟人中选择早期的员工，是因为熟人可以有效解决信任问题，避免初创企业品牌不强、经营困难、人员过少等因素给早期员工带来的负面影响。

通过招聘网站和招聘会招聘则是比较常用的招聘方式，但因为初创企业招聘存在各种困难，在使用这些常规招聘方式时要注意两点：一是要注意在招聘过程中积极塑造企业的良好形象，通过宣讲会、见面会等方式向应聘者宣传创业团队的优势和潜力，让应聘者加深对企业本身和理念的认识程度，从而实现对初创企业的认同。二是要扩大招聘规模，增加试岗人员人数，形成试用期淘汰机制。尽量不要按照岗位确定的需求招聘员工，比如一个初创企业要招聘2名销售人员，那至少应有3—4名最终进入试岗环节，在3个月左右的试用期内，淘汰1—2名，留任2名。如果只是按照岗位设定的人数招聘，一旦在试岗过程中有人提出离职，就需要重新招聘，导致招聘成本居高不下。团队规模过小，没有淘汰机制，也不利于团队的稳定。

最后，需要强调的一点是，对于初创企业来说，招聘是和营销、融资同等重要的大事，早期员工的能力和素质将直接影响企业的文化甚至未来的走向。创始人以及创始团队应亲自参与早期员工的招聘，不宜将招聘工作外包或指派基层员工完成。

来挥洒你的创业激情吧！跟我一起去西天取经如何？
初创员工有股份吗？
是正式工，还是临时工？

第四章
创业产品设计

4.1 设计产品要考虑哪些问题？
4.2 产品的设计流程是什么？
4.3 如何打造爆款产品？
4.4 最常见的大学生创业领域有哪些？

4.1 设计产品要考虑哪些问题？

在创业过程中，产品设计是最基础的环节。没有产品的创业是无本之木，无源之水。在设计创业产品之前，一定要注意一些重要的问题。

首先，创业者要明确自己的产品是实物还是服务。所谓实物产品，就是看得见摸得着的实体产品，比如矿泉水、手机、书包、图书等等；所谓服务产品，就是非实体产品，比如理发、培训、咨询、中介、广告等等。这个区分并不是凭空而来的，而是根据税务局的增值税纳税分类来划分的。对于一般纳税人来说，如果销售的是实物产品，增值税税率为17%；如果销售的是服务，则增值税税率是6%。

当然，许多公司的产品都是实物和服务混杂的，比如培训班既提供授课服务，又销售教材、教具等实物；计算机公司既销售服务器等硬件实物，又销售杀毒和服务器维护等服务。

其次，创业者需要确定产品是自有的还是他有的。所谓自有的产品就是自己能生产的实物，或者自己能提供的服务。大多数创业者都是这样的，因为产品自有能够有效降低研发成本和竞争风险。如果自己没有产品，也可以通过代理其他公司的产品，或者雇用专业人员提供服务的形式来实现。贸易公司就是典型，自己没有产品，只是销售别人的产品，从中赚取差价。创业者不懂的业务，不等于不能做，关键是创业者是否有管理能力和领导能力，是否能够形成一个自己的专业技术团队。

一般来说，创业者应尽量选择自有产品的方式，尽量避免采用他有产品的方式，商业中有一个不成文的经验叫作“不熟不做”，这可以作为产品形式选择时的参考。

再次，产品设计初期就需要设置壁垒。实物性产品应在设计和样品阶段就开始提交专利申请，计算机软件代码和图书等则可以申请著作权，服务性产品则可以申请品牌商标的注册。尽管进行商标和知识产权的保护需要一定的费用，申请周期也比较长，但是对于产品的保护和降低公司未来的风险都是非常重要的环节，产品设计过程中务必同时将产品的保护提上日程，所有参与产品设计的人员都应该签署保密协议，并约定工作成果归公司所有。

最后，产品设计不能单纯从产品出发，要通盘考虑。持有纯产品主义观点的产品设计者往往是工程师或技术出身的创业者，他们更关注产品是不是做得出来，功能是不是完善，而不考虑其他的影响因素。在实际创业过程中，产品的设计一定要考虑到多方面的因素，比如市场推广是否能够提供精准的定位，是否便于销售人员进行销售，是否符合产能状况，是否能够在保证质量不下降的前提下将服务批量化，采购方是否能够找到有效且低成本的供货方，产品的成本和定价是否合理，等等。

总之，产品设计是一个系统工程，它的设计本身贯穿了创业的整个过程，是创业项目的根基，只有根基打得比较牢靠，整个创业过程才能够更为顺利。

出售一台老朽从毕业开始独自研发60年生产的举世罕见新产品——可移动电话机！全世界独此一台！
高档二手智能手机大甩卖！量大质优欲购从速

4.2 产品的设计流程是什么?

当产品的方向和策略都确定以后，开发产品有哪些流程呢？不管是实物还是服务，一般产品的设计流程都要经历如下步骤：

第一步，调研用户需求。关于调研的重要性和技术，前文已谈，不再赘述。需要强调的是，用户的需求永远是产品设计的出发点，千万不要脱离用户需求谈产品，更不能为了做产品而做产品。要记住，毕竟用户是买单的人。

第二步，确定产品功能，搭建产品框架。无论是实物产品还是服务产品，在产品设计初期应有详细的设计文档与产品框架。如果是实物产品，应有设计文档、生产图纸、加工标准等技术文件。如果是服务产品，应有服务流程、服务内容以及服务结果的相关规定和质量要求。切忌拍脑袋研发产品，因为产品在研发阶段如果存在设计缺陷，就会造成产品的先天不足，会给后续的大规模生产和客户服务造成重大的损失和困扰。

第三步，完成样品或原型服务。设计工作完成后，首先要制作出样品，服务类产品要形成原型服务。样品和原型服务要在公司内部和早期客户中进行内部测试，不断修正设计过程中的问题和缺陷，不断根据员工和客户的使用反馈情况进行样品和原型服务的调整。在这个过程中，要注意评估正式生产的成本和可能存在的风险。

第四步，小批量标准化中试。企业在确定一个项目前，第一步要进行试验室试验；第二步是“小试”，也就是根据试验室效果进行放大；第三步是“中试”，就是根据小试结果继续放大。中试成功后基本就可以量产了。中试是关键性的一步，实物产品将在中试部分验证批量可靠性、测试良品率，而服务类产品则需要通过观察和验证服务质量分析其标准化程度。中试如果过于草率，在没有充分测试的情况下就进入批量生产，可能会造成重大损失。

第五步，批量生产，大规模推向市场。当中试表明产品基本没有问题的情况下，即可进行批量生产并推向市场，此时应严密关注不同地区和不同环境下，客户对产品的反应，及时搜集客户反馈的信息。尤其是要了解产品在大规模出货和服务的情况下，良品率和服务质量是否能保持在一个合理的范围内。

第六步，修改迭代，完善产品版本。每一个产品都不是一蹴而就的，必须要经过市场的检验和不断的完善。市场的反馈可以作为产品不断迭代的信息来源，产品可以在迭代的过程中不断升级换代，以满足客户不断改变的需求。

“互联网+”养鸡模式

4.3 如何打造爆款产品?

产品设计是一个创业项目成功的关键。如果初创企业能打造出一款爆款产品，就能有效地突破激烈的竞争，在已有的市场格局中杀出一条血路。当然，打造爆款产品绝非易事，即便是那些大牌公司推出的产品也存在许多平庸之作。不过虽然困难，但是如果创业者能遵循以下几个设计原则来开展产品的设计，则打造出爆款产品还是很有可能的。

第一个原则，叫作人性化。所谓人性，就是靠人的本能驱使的需求，这些需求都是趋利避害的，比如想要快乐，不想痛苦；想要成功，不想失败；想要健康，不想生病；想要社交，不想孤单；等等。因此，设计产品时就要把满足人的需求，减少人的痛苦放在首位。产品设计最忌讳闭门造车，自认为产品技术先进，功能强大，然而用户可能不以为然。

第二个原则，叫作精准定位。创业初期资源有限，千万不要全面出击，同时推出一堆产品，让用户应接不暇，不知道你到底要推广哪一种，也不知道哪种产品好、自己适合哪种产品。所以，当创业公司还没有达到集团公司的规模，在某一个发展阶段，一次最好只推出一种产品。这种产品一定要有精准的专业定位，切忌看似功能强大、样样通，其实样样松，哪方面都没做好。比如，如果创业者推出一个有“血压在线监测”功能的互联网产品，就比推出一个“全面健康管理”的产品更容易获得成功。

第三个原则，叫作简洁易用。许多技术出身的创业者往往对自己的产品爱不释手，希望把各种各样的功能都加到一个产品上，结果推出的产品功能极其臃肿，使用流程非常复杂，甚至只有专业技术人员才有可能看懂。产品每增加一个进入环节，就会流失掉一批客户。试想，一个手机游戏，如果打开以后先是看使用说明，然后再注册，接下来选择复杂的场景和人物角色，刚玩一会儿就跳出广告，这种产品怎么能获得成功呢？优秀的产品，不管是软件还是硬件，实物还是服务，都要非常简洁和容易使用。

第四个原则，就是把细节做到极致。细节决定成败，这一在管理上有效的原则，在产品设计上同样有效。创业者在设计产品的时候对自己太“客气”，用户对你就很难“客气”，所以产品的设计者一定要在细节上做到努力把自己“逼疯”。企业之间的竞争是非常残酷的，就像香港赛马比赛获胜者往往只能赢出一个马鼻子的距离，优势企业通常也就赢在某个细节上。只有每一个小细节都完美无缺，才能够在激烈的市场竞争中有所突破。不要认为细小之处看不到，用户在使用产品的时候正是被细小的环节所打动。

第五个原则，叫作快速迭代。没有任何一个产品能够一成不变，包打天下一百年。去看看我们的汽车工业，看看我们的数码产品，几乎每个月都有新的功能和外观的产品上线。一方面随着技术和社会的发展，很多明星产品的功能在几年甚至几个月之内就会显得落后；另一方面客户都是“喜新厌旧”的，对新型号的产品或更新形式的服务感兴趣。因此产品的设计过程必须快速迭代，不断满足客户的新需求。

从上面的原则我们可以看出，爆款产品的设计一定要以用户和客户的需求和感受为出发点，不断让他们有新的体验和感受，善于应变的产品就是好的产品。

整箱批发记忆面包！
快速起效，记忆力持久！
爆款产品上线，
快来买吧！
记忆面包
整箱批发
记忆面包
整箱批发
记忆面包
整箱批发

4.4 最常见的大学生创业领域有哪些?

大学生创业者没有社会资源和行业经验，能选择的创业领域非常有限。资金密集型的，如金融行业，大学生创业一般是涉足不了的；资源密集型的，如房地产行业，对大学生来说也不太现实；劳动密集型的，如加工类的工厂，大学生创业者也没有能力参与。因此，大学生在选择创业领域的时候，要尽量先回避这些对资金、资源和劳动力要求比较高的领域，降低创业的难度和风险。

那么大学生在没有经验、资源和资金的情况下，选择什么样的行业和领域创业更有可能存活下来，乃至创业成功呢?

首先，对于硕士和博士阶段的研究生，尤其是对于工科相关专业的研究生来说，科研成果转化是比较可行的创业领域。第一，研究生阶段的科研工作基本都是在使用学校、实验室的资源和导师的指导下开展的，甚至通过“产学研”和横向课题等形式已可以提前锁定大笔订单，产品和销售渠道都是成型的；第二，研究生阶段的同学学历高，心智相对成熟，社会经验更为丰富，能够更为现实和理性地思考并处理问题，相对于本科生而言更容易做好管理工作。

其次，可以通过网络来完成的项目，可以考虑互联网方向的创业。虽然互联网创业难度也比较大，但是相对于需要劳动密集和资本密集的行业来说，互联网创业有着比较大的优势。如果创业者本身是学习计算机专业的，则可以自行开发网站、软件、信息系统等产品，既可以为他人做外包服务，也可以自建系统和平台。非计算机专业的同学如果没有编程能力，则可以借助现有互联网平台进行创业，如利用微博、微信公众号、淘宝、微店，甚至是微商等方式进行营销。互联网创业最大的优势在于对办公场所要求不高，创业者可以分布式办公和移动式管理，甚至可以兼职创业，大大降低了创业早期的固定投入。

最后，如果没有可以进行转化的科研成果，也不太懂互联网创业，那么最适合大学生的创业领域则是利用自己所学专业优势，开展相应的服务。比如师范类专业和艺术类专业的同学，可以利用业余时间开展针对中小学生的课外辅导和艺术辅导。早期可以选择在其他机构兼职，等到学员资源和渠道规模达到一定程度后，可以创立自己独立的品牌开展业务。因此，所学专业实用性比较强的同学，可以将自己所学的专业技能和知识开发成服务类的创业项目。

总之，适合大学生创业的领域主要集中在科研成果转化、互联网创业和基于本专业的服务业。同学们在选择创业领域的时候，尽可能首先从这三方面入手考虑。

理工大学物理系毕业
创办捕虫公司
撒网抓蚊蝇
抓不住不要钱
生物学院蝙蝠系毕业
创业抓贼
打击恶势力
体育系锤子专业
毕业生，砸墙
大锤80 小锤60

第五章
商业模式

5.1 用户与客户有什么区别？

5.2 “互联网+传统商业”的模式为什么更适合大学生？

5.3 商业模式如何创新？

5.4 哪些商业模式对大学生来说风险更大？

5.1　用户与客户有什么区别?

说到商业模式，首先就要弄清楚一个问题：谁是用户？谁是客户？

所谓用户，就是指使用商家的产品和服务的人群。所谓客户，则是指为产品和服务付钱的人。很多同学对这两个概念往往很困惑——用户不就是客户，客户不就是用户吗？为什么要把这两个概念区分开呢？

其实，我们之所以通常认为客户和用户是一致的，主要是跟我们的生活经验有关。基本上传统商业模式的用户和客户都是不分离的。对于餐馆来说，吃饭和付费的人是一致的；对于汽车4S店来说，买汽车和开汽车的人是一致的；对于服装店来说，买衣服和穿衣服的人是一致的；对于房地产企业来说，买房子和住房子的人是一致的……我们生活中衣食住行的方方面面，大多数商业模式的用户和客户都是一致的，不分离的。这种不分离导致我们产生了一种错觉，即用户和客户是一个人，无须区别对待。

但是有些行业的用户和客户却不是一致的，使用产品和服务的人有可能不是付费的人。传统行业中最典型的用户与客户分离的行业则是广告行业，广告会投放在媒体、户外以及地面推广的宣传单上，观看广告的人并没有付费，是用户，而广告主则为广告付费，是实际上的客户。

新兴的互联网行业有不少模式，都采用了用户和客户分离的方式。不管是什么样的模式，对互联网来说，最关键的就是用户的“流量”，只要有足够多的用户流量，客户就会找上门来。因此，互联网行业最重要的目标就是提升用户的访问量和使用粘性，所谓“得用户者得天下”。当然，获取用户不是根本目的，根本目的还是利用庞大的用户基数向客户收费，或者将用户开发为客户，实现“先养鱼，再捞鱼”的良性循环。

以我们熟悉的三大互联网巨头BAT（百度、阿里巴巴和腾讯）为例进行分析，我们可以对这种用户和客户分离的商业模式有个更直观的理解。百度是国内最常用的搜索引擎，我们每一个网络用户使用搜索引擎是免费的，我们并没有为搜索本身付费，那么百度公司怎么赚钱呢？它的客户是企业和广告主，百度向在搜索引擎上进行广告推广和竞价排名的企业收取推广费用来盈利。阿里巴巴建立了电商平台淘宝和天猫，以及支付平台支付宝。我们作为用户在淘宝和天猫上购物，只需要支付给商家费用，并不用支付给平台费用。阿里巴巴通过收取企业端的服务费用和利用支付宝的金融功能进行盈利，并不向普通用户收费。腾讯最主要的产品QQ和微信，也一直是免费的，我们使用QQ和微信从来都没有向腾讯付费，但是腾讯通过增值服务和广告等其他方式向客户收费。

因此，建立商业模式的首要工作就是先分析自己的用户和客户是谁，他们是否是分离的。

客户号
用户通道

5.2 “互联网＋传统商业”的模式为什么更适合大学生?

从表面上看，似乎新时代的商业模式，尤其是以互联网为代表的新型创业看起来更简单，更具有创造性和爆发力。互联网模式能够使边际成本递减，很有可能做成平台模式而一夜之间颠覆某个领域。

然而，这只是我们看到的互联网模式的光鲜外表，真正的互联网创业难度非常之大。许多大学生之所以选择互联网创业，是因为觉得线下创业艰难，发展速度太慢，但殊不知在互联网创业领域有一个不成文的说法叫作“线上本事看线下”。大家平时耳熟能详的各个互联网平台，看似服务和交易都是在网络上完成，实际上互联网创业团队需要花费大量的精力在线下进行推广。尤其是那些提供线上支付线下服务的“O2O”模式创业项目，往往都有几百甚至上千人的地面推广团队进行线下的服务网点信息搜集和客户服务，工作量一点儿都不比直接开设线下网点少。多数互联网公司在早期都比较难盈利，需要有大量的投资支撑这一时期。对于本身就是平台性的互联网项目，则早期盈利更为困难，需要通过大量融资来占有市场，形成垄断或绝对有利地位时才有盈利的可能，这种模式也被称为“先烧钱后赚钱”模式。

对于大学生来说，创业启动资金本身就很困难，项目在没有完全成型的情况下如果想获得投资人的投资更是难上加难。自己没有钱“烧”，也没有别人的钱可以“烧”。因此，对于大学生创业项目而言，纯粹的互联网创业难度较大，“互联网＋传统商业”的模式可能更加适合。

首先，传统商业模式比较好启动，大学生可以根据自己的专业特长开展创业。如计算机专业的同学可以为他人开发程序，师范类专业的同学可以开展补习和培训，艺术类专业的同学可以提供绘画、摄影、拍摄等服务。这些业务领域即使已有了很多龙头企业，大学生创业也仍然可以利用低价格、个性化定制等策略在市场中分一杯羹，因为大学生创业有比较强的成本优势，可以通过低成本、低价格抢占市场。

其次，传统商业模式能够直接产生现金流。相比较先“烧钱”后赚钱的纯互联网商业模式来说，以销售产品和提供服务为主要方式的传统商业模式则能够直接产生现金流。初创企业赚钱越早，创业者能够坚持的时间就越长，创业企业生存下去和扩大规模的可能性就越大。赚钱慢的商业模式特别容易失败，对于创业团队来说压力很大。

最后，传统商业模式比较灵活、风险较小。互联网创业追求的是行业第一、规模效应，一旦开始创业就必须迅速做大、不能停，这对创业团队的要求很高。而传统商业模式则可进可退，可攻可守。如果发展得比较好，创业者就可以追加投资，利用之前赚到的钱扩大规模；如果发展得不太好，创业者就可以及时裁员减薪，收缩规模，甚至可以暂时停业降低成本，度过寒冬以后可以继续开展创业，风险较小。

从以上分析可知，大学生创业还是尽量以传统商业模式为优先选择，但是，又绝不能囿于传统模式。而是应该充分利用好互联网，无论是进行产品推广、管理，还是增值服务。一般来讲，最适合大学生创业的是“互联网＋传统商业”模式。

愚公移山项目
挖掘机专业毕业生定点创业基地

5.3 商业模式如何创新?

许多创业者的产品和服务很好，但迟迟赚不到钱，很大的原因就是商业模式创新不足。通过商业模式的创新，创业者可以变换赚钱的思路，从而实现盈利上的有效突破。

那么，商业模式创新有哪些思路呢?

第一，要重新审视自己的产品所对应的用户与客户。比如某教育培训公司，主营业务是家庭教育培训，但面向家长群体推出后反响较差，原因是家长都很忙，很难有统一的时间参加培训，而且家庭教育培训相比考试辅导类的培训不是刚性需求，家长需求不强。因此，如果既把家长当成用户，又把他们当成客户，业务开展就比较困难。该公司后期将用户和客户分离，采取向学校和政府收费的方式，免费为家长服务，公司通过政府采购的方式获得收益，实现了业务上的突破。

第二，商业模式互联网化。如果一个业务很难复制，单个客户服务成本很高，对能人的依赖很严重，这种业务要想扩张，就需要借助互联网。比如培训公司的收益通常依赖名师。然而一个名师能服务的线下学生数非常有限，如果线下学生数增加过多，授课效果就要大打折扣。而且，名师的时间非常有限。这种情况下，企业如果想获得比较高的收益，就需要提高单个学生的学费，而学费一提高，学生数量就会下降，形成矛盾。因此，公司可以考虑将名师课程搬上互联网，一方面能够扩大影响，另一方面使课程不再受人员、地点、场地等方面限制，同时课程的价格还可以大幅度下降，以吸引更多的学生。对于几十元上百元的课程，能消费得起的学生就会很多，数量提升后总收益反而提升。

第三，对产品和服务进行人性化改造。在这个竞争激烈的年代，每个人的压力都很大，大家都需要轻松愉快的环境释放自己的压力。

每个行业应该通过人性化的改造产生新的吸引点，满足客户多方面的需求。许多饭店在客人就餐过程中为客人提供厨艺展示、歌曲串烧，以及快闪舞蹈等表演，就是为了增加就餐的趣味性。许多新闻时政类的媒体，也通过画漫画、做动画、人机互动、语音识别等方式，将相对枯燥的时政类新闻娱乐化和趣味化，引发更多人的关注。

第四，重视现金流，努力进行金融化改造。对于任何一个企业来说，现金流都是非常重要的资源。一个企业即使利润率不高，但是如果有充沛的现金流，也一样具备很大的商业价值，而且资金本身就能带来利息收益和投资收益。金融化改造的典型方式就是充值预付。对消费者来说，不管是就餐、理发、打车、看病、学习，都存在可以预付一部分资金的可能，而这部分预付金就可以成为企业的流动资金，能够有效的缓解企业的资金压力。另外还可以通过团购、众筹等形式，在产品生产之前，就将销售款提前收回，降低企业风险。

以上几种思路只是商业模式创新的常规思路，随着新技术的发展和社会的进步，新的商业模式创新一定会层出不穷，同学们可以随时关注，积极采用。

新鲜PC肉
大学生传统行业创业
请多多支持！
PC肉15元/斤
纯散养 保证新鲜

5.4 哪些商业模式对大学生来说风险更大?

大学生因为在创业资源方面有明显短板，有一些商业模式对于大学生来说是有一定风险的，大学生创业应该警惕如下几种商业模式。

第一个要警惕的，是简单化的APP模式。

很多同学对创业的理解非常单纯，认为只需要聚集几个同学凑在宿舍设计和编程制作一个APP，发布到网络上，静等用户疯狂下载使用，达到几百上千万的下载量，就可以靠主打广告，赚取广告费，“躺”着赚钱了。

这个方法看起来很美好，简直是“守株待兔”和“姜太公钓鱼”式的创业，几乎不用付出什么成本，就有可能换来巨大的收益。但事实上，这种想法是把互联网创业想得过于乐观了。制作APP也许不难，但难的是如何推广和让用户使用APP。即使采用最简单的智能手机预装机的推广方式，预装一个APP到智能手机的装机费用，至少要几元到十几元不等，而且监管部门越来越加强对APP预装机的控制，预装机这种方式变得越来越难。

即使装机成功，用户也不一定会注册和使用APP。我们可以看看我们自己的手机，其中安装的各种各样的APP不下几十种，但实际上注册过并且每天频繁使用的APP往往只有三五种，大量APP长期处于无人使用的“僵尸”状态。APP如果无人下载或无人使用，活跃度很低，对于广告主来说，在这种APP上打广告的效果就会大打折扣，这种情况下，创业者想通过广告盈利就变得非常困难。一般来说，一款新上线的APP想要实现大范围的下载，需要强大的资金投入和线下团队的推广，这都是大学生创业很难具备的条件。

第二个要警惕的，是平台模式。

“平台”是一个听起来很诱人的词，但是这也可能是一个很坑人的词，因为这个词意味着对创业者资源的巨大考验，而大学生创业者很难承担得起。

绝大多数大学生创业的“平台”类型项目，都是以设想和原型居多，而少有真正进行运作的。原因在于平台类型的项目一旦开始运作，就“根本停不下来”，需要用大量的资金和资源进行不断的输血。许多大学生的平台类型项目都是一运营就死掉，根本没有用户流量和现金流量，成了名副其实的“僵尸平台”，最后不得不黯然关闭。投资人和创业大赛评委都深知这一点，因此一听到创业团队要做平台，都高度警觉，路演失败率极高。

第三个要警惕的，是免费模式。

免费模式是近些年兴起的一种新型商业模式，创业者通过免费提供价值的产品或服务，从而吸引用户，当用户数达到一定程度，再做盈利转化。比如免费使用软件、免费杀毒、免费观看视频、免费学习课程、免费摄影、免费吃喝等等。

然而，做企业不是做公益，前期免费是为了后期盈利。所有的免费产品与服务，都需要投入成本，这个成本即使再低，大多数情况下也是大学生创业团队承担不起的。因此，不管是线上还是线下的免费模式，都应尽量避免。

欢迎您参观选购我们的首个楼盘项目泡沫大厦！
这个泡沫会不会破灭呀？
努力吹泡泡中

第六章
融资渠道

6.1 创业资金真的那么重要吗？
6.2 “刷脸”能借到钱吗？
6.3 如何通过“出卖”公司融资？
6.4 大学生创业公司能上市吗？

6.1　创业资金真的那么重要吗？

是。

虽然这个结论有些让人不好接受，但实际情况的确如此，大学生必须直面这个问题。尽管有诸多创业者声称自己“白手起家”，但空手套白狼的创业方式并不是普遍的，绝大多数创业者都是有一定资金积累和融资能力以后才开始创业的。大学生之所以创业难，创业企业存活率低，最主要的原因就是没有资金来源，更不用说源源不断的资金流。

当然，有的已经在创业的大学生可能对此不以为然——我可以自己为他人提供服务，我的创业不需要启动资金，我可以做家教、帮别人剪辑视频、翻译文章。这么做当然没有问题，甚至连公司都不用注册。不过这并不能算严格意义上的创业，更多的像个人的劳务输出。如果一个创业者想从劳务输出的模式变为正规经营的模式，那么就必然需要租赁场地、雇用人员、购买办公用品、进行渠道推广等等，这些都离不开钱。很多大学生创业团队在创业初期停滞不前，把原因归为“没有获得融资”。这是一个非常典型的误区，获得融资并不是创业的必要条件，没有融资就不去创业，这是典型的逃避和投机的思想。大学生创业是自己的选择，并不是社会逼你做出的选择，不能有依赖思想。如果产品、资金、渠道、团队都由老师和学校给你配好了，请问还要你做什么呢？更何况获得投资本身就是一件很困难的事情。

因此，创业团队必须要有自己获得资金的能力，这个资金叫作自有资金。这个自有资金的来源，要么是创业团队的创始人和股东贡献出自己的积蓄，要么是先通过劳务输出白手起家，获得第一桶金。创业团队必须要先承担风险，投入资金，创业才有可能开展起来。

另一个由此衍生的误区是，很多大学生自己，甚至有些“创业导师”都会提出这样的建议——这个年代，要学会与资本打交道，谁创业还用自己的钱？要学会“忽悠”投资人！

其实这个观点大错特错，这种观点的传播也是有害无益。投资人都是专业人士，决定投资之前也都要对企业进行尽职调查，可不是那么好“忽悠”的。另外，作为创业者，世界上不会再有人比你对你自己的项目更有信心了，如果你都不舍得投入自有资金，那就说明你根本不看好自己的项目，谁会给你钱呢？

所以，创业首先要考虑自己的团队能不能凑出钱来，如果凑得不够，是不是可以通过经营活动快速获得现金流。这两点如果都实现不了，那么就需要通过融资来获得资金了。现有的资金获得渠道主要有三种：债权融资、股权融资和获得奖金及扶持资金。其中债权融资不占股份，到期需要偿还本金和利息；股权融资需要占有股份，经营失败不需要偿还；奖金及扶持资金则一般是通过政府或学校获得，不占股份，也不需要偿还，是政府通过创业比赛、基金申请等形式无偿提供给大学生创业者的，一般额度都不高。

众筹
本人大学毕业
创业“无人鸡”项目
但因资金不到位，目前项目
处于停工状态，望社会有识之士
慷慨解囊，日后上市必有重谢！

6.2 “刷脸”能借到钱吗？

想靠“刷脸”借钱，有点难。

我们先不说“刷脸”，我们先来说说借钱。说到借钱，就是刚才讲过的“债权融资”。以银行为代表的金融机构，就可以提供以贷款为主要方式的债权融资。许多想要创业的同学在被问及启动资金来源的时候，都会很天真地说：

“找银行贷款哪!”

这话说对了，但说得有点过于轻巧。银行虽然很有钱，但可不是谁想贷款就可以贷到的。银行对贷款申请人都有严格的审查，只有符合银行要求的贷款申请人才能获得贷款。一方面，银行要求贷款申请人有房产、汽车等抵押物才可以申请贷款；另一方面，银行也要审核贷款申请人的收入情况，评估其是否具有相应的还款能力，以及发生违约的风险。从这两方面来看，大学生想要从银行申请贷款相对是比较困难的。

那么，所谓的靠“刷脸”借钱，实际是信用贷款的意思，也就是说，贷款人不需要提供房产、汽车等实体抵押物，而是用自己的信用作为“抵押物”，就可以向银行或金融机构申请一定额度的资金。当然，我们最熟悉的一种信用借款的方式就是银行的信用卡，这个相比起抵押贷款办理起来更为方便，但信用卡主要是作消费用，额度一般有几千元至几万元。大学生创业者如果有信用卡，可以利用其还款周期的优势，有效地缓解现金流的压力。

除了银行或金融机构提供的常规贷款方式以外，国家为了鼓励大学毕业生自主创业设立了大学生无息贷款的贷款方式。一般来说，贷款本身是有利息的，而国家为了促进大学生创业，出台了关于创业贷款的相关政策，利息由财政进行补贴。申请贷款的大学生应为专科以上毕业生，不应有犯罪记录和不良前科，毕业 6 个月以上未就业，并在当地劳动保障部门办理了失业登记。

申请大学生创业无息贷款需要提供以下信息：①身份证明；②在校学生需要提供学生证和成绩单；③已毕业学生需要提供毕业证和学位证；④过去6个月常用存折或银行卡的对账单；⑤其他资信证明，如奖学金证明、学生干部证明、社团活动证明、各种荣誉证明、义务献血证明、义务支教证明等等。

提供这些信息以后，大学生创业者可以开始申请无息贷款的流程。首先，高校毕业生申请个体工商户设立登记时，应当向登记机关出具普通高等学校颁发的毕业证书和个人身份证，以及省级高校毕业生就业工作主管部门签发的“全国普通高等学校本专科毕业生就业报到证”或者“全国毕业研究生就业报到证”。其次，登记机关核实无误后，依法办理登记注册手续，并在“报到证”上注明登记注册时间、加盖登记机关印章后退回本人，在“个体工商户营业执照”经营者姓名后注明“高校毕业生”。高校毕业生凭“个体工商户营业执照”免缴上述有关收费。

当然，申请大学生创业无息贷款需要一些注意事项。创业贷款是有针对性的，有些行业可以贷款，但有些行业不能贷款。申请贷款时应准备好自己的创业计划书，以便政府部门能够有效了解项目的可行性。另外，在某些情况下，贷款是需要由具有稳定工作和收入的人士，如大学生的父母、亲戚等作为担保人，这样更有利于贷款的审批。

“刷脸”登记大学创业人才排队中

6.3 如何通过“出卖”公司融资？

“好借好还，再借不难。”这句俗语说出了债权融资的特点，就是借来的钱是需要“还”的，没有还钱的能力就不要借钱。

那么，有没有不用“还”的钱呢？

还有这种好事吗？确实有这样的好事，不过这种融资获得的钱就不是债权融资，而是股权融资了。所谓“股权融资”，就是通过“出卖”自己公司的股权获得融资的方式，这种融资款是通过股权交换的，如果公司经营失败，宣布破产，则投资人就是投资失败了，创业者不必一定要将投资款退还投资人。

说到股权融资，同学们可能首先想到了“风险投资”——Venture Capital(简称“VC”)。许多同学刚刚有个创意，需要启动资金，就到处找风险投资，其实大学生的创业项目距离风险投资还比较远。广义的风险投资泛指一切高风险、高回报的投资，而狭义的风险投资则是指以高新技术为基础，生产与经营技术密集型产品的投资。根据美国“全美风险投资协会”的定义，风险投资是由职业金融家投入到新兴的、迅速发展的、具有巨大竞争潜力的企业中一种权益资本。

由此可见，风险投资的对象主要是高技术和高成长性的项目，对于大多数高技术含量较少，还暂时没有财务数据的大学生创业项目来说，风险投资一般不会介入。许多大学生创业者在创业早期把大量时间和精力放在寻找风险投资上，实际上是徒劳的。这些宝贵的时间更应该被放在对产品和渠道的开发上。从风险投资人的角度来看，他们并不是慈善家，很多时候风险投资的资金是募集来的，有明确的使用周期、增长性要求和退出机制，而大学生的创业项目往往没有财务数据支撑，项目前景不可控，风险投资人一般会出于规避风险的考虑尽量减少对大学生创业项目的投资。

那么，大学生创业项目可以找到什么样的投资呢？

以个人投资为特征的早期风险投资被称为天使投资，之所以称为“天使投资”，是因为这个阶段的投资人对创业者就像天使一样从天而降，为创业者提供及时的资金帮助。

虽然天使投资也属于风险投资的一种，但天使投资与专业的风险投资机构有着很大的不同。天使投资的投资人多为个人投资者，其投资资金是自有资金，对这个资金的回报周期和获利性的要求因人而异，差别很大；风险投资机构的资金则是募集来的，资金管理者有明确的投资业绩考核要求，不能随意修改投资目标。天使投资人因为是个人投资，对项目的选择有很强的个人倾向，有的投资人甚至会因为创业者一个很有创意但完全没有实施的想法而投出几十万元乃至数百万元的资金；风险投资机构在选择项目方面则没有这么强的随意性，他们对项目有严格的筛选标准和流程，同时对创业团队要进行财务和法律方面全方位的尽职调查，达不到标准一般不投。

天使投资人更多的是依赖自己的经验和判断进行投资，投的是“人”，买的是创业者的未来，而风险投资机构则依赖严格的尽职调查和财务数据进行投资，投的是“事”，买的是财务报表和增长性。

由此可见，大学生创业如果需要股权融资，更应多跟天使投资人接触。

哥，您投资的100万，就算成51%的股份好吧。
没错！从这里下刀，是吧？
初创企业

6.4 大学生创业公司能上市吗?

“上市”对于大学生创业者来说是异常神秘的。

我们印象中的上市公司，那都是行业龙头、明星企业，还未上市时已是全国知名的顶级企业，其中有不少是估值超过 10 亿美元的“独角兽公司”。大学生创立的公司往往都处于起步阶段，大多没有注入资本基因，更没有考虑资本改造，甚至都无法支付办理公司上市的财务和法务成本，这是不是意味着大学生创业在短期内基本跟“上市”就无缘了呢?

其实，企业上市的条件也并非一概而论，如果大学生创业者未来想让自己的企业上市，就需要了解中国资本市场的构成，从而选择适合自己的上市之路。

中国的资本市场从 20 世纪 90 年代发展至今，形成了多层次的结构，其中又分为场内市场和场外市场两部分，而这两部分市场又分为四个层次：场内市场分为由主板市场和中小板市场组成的一板市场，以及由创业板市场为主的二板市场。场外市场又分为俗称新三板的全国中小企业股份转让系统，以及以区域性股权交易市场、证券公司为主导的柜台市场等组成的四板市场。

中国大陆的主板市场公司在上海证券交易所和深圳证券交易所两个市场上市，创业板在中国大陆则特指深圳创业板。主板市场对发行人的营业期限、股份大小、盈利水平等方面的要求标准比较高，能够在主板上市的公司多为资本规模较大，盈利能力较强的大型成熟企业。创业板则在上市门槛、监管制度、信息披露、投资风险等方面和主板市场有较大区别，一般为高增长性的中小企业。

新三板是经国务院批准，继沪深两市之后第三家全国性证券交易场所，其运营机构为全国中小企业股份转让系统有限责任公司，由中国证券监督管理委员会直接管理。新三板主要为创新型、创业型、成长型中小微企业服务。四板市场中的区域性股权交易市场则是为特定区域内的企业提供股权的转让和融资服务的私募市场，一般以省级为单位，目前全国已有以北京股权交易中心、上海股权托管交易中心为代表的十几家股权交易市场。

其实对于大学生创业者来说，虽然一、二、三板市场可能遥不可及，但四板市场的准入门槛已经很低。以北京股权交易中心大学生创业板挂牌条件为例：

(一)为北京市依法注册设立并有效存续的有限责任公司或者股份有限公司；

(二)创始人、高管、核心技术人员等主要成员中具有大学生等特定人员；

(三)业务明确，具备持续经营能力；

(四)具有一定的发展潜力，业务具有创新创意特征；

(五)本中心要求的其他条件。

几乎每一个大学生创立的公司都能够有效的满足上述条件，所以大学生创业公司上市并非难事。一旦同学们对资本市场的分层机制有了充分的了解，就能够选择自己力所能及的板块去完成上市动作。四板市场的出现，使大学生创业公司的上市变得触手可及，而通过不断地在资本市场展示自己，上市公司就可能获得更多资本的关注，为中小微企业借助资本的力量实现企业规模的快速扩张提供了有效的途径。

大学生创企农贸市场
你应该在
四板上市。
市场
管理
员
大学生
初创
企业
菜农
创业公司

第七章
商业计划书与路演

7.1 一份精彩的商业计划书分为几部分？

7.2 如何来一场说讲就讲的“Roadshow”？

7.3 如何能够在创业大赛中脱颖而出？

7.4 如何有效地推广自己的项目？

7.1　一份精彩的商业计划书分为几部分?

商业计划书就像我们同学找工作时的简历，在创业过程中是必不可少的。无论是参加创业大赛，向客户和合作伙伴介绍自己的项目，还是面对投资人路演融资，都需要一份精彩的商业计划书。

一份好的商业计划书，由如下七部分组成：

第一部分，需求与市场分析。这一部分需要描述的是，创业者的创业项目所解决的社会问题是什么，亦即所谓的客户“痛点”是什么。这个“痛点”是不是存在，有多大的市场容量，自己的业务未来有可能占有多大的市场份额，都应有数据支撑来分析。

第二部分，产品与服务。这一部分需要详细描述创业项目究竟做什么——是实物还是服务？是硬件还是软件？是线上还是线下？是单店服务还是平台性服务？对产品和服务的描述最好进行一下类比，比如“人人网”被称为中国的“Facebook”，这样就很容易被客户和投资人理解。一定要用通俗的语言描述自己的项目，不要使用行业内的专业术语。

第三部分，商业模式设计。这部分内容我们之前讲过。需要创业者讲清楚用户和客户是谁，公司究竟赚谁的钱，公司在产业链和价值链条上处于什么位置，合作伙伴有哪些，收入来源是什么，这一来源是否可持续，等等。商业模式是整个商业计划书中最重要的内容之一，也是创业大赛上评委和投资人关注的要点，应给予较大的篇幅进行描述。

第四部分，相对竞争优势。这一部分要描述的是项目的核心竞争力。所谓核心竞争力，就是项目如何能够满足特殊的客户价值。这个核心竞争力就是项目能在激烈的市场竞争中得以立足的理由。如果在产品和模式上没有与现有竞争对手明显区别之处，那么就要在资金上和渠道上占有明显优势，通过大资金的投入树立新的品牌。

对于大学生创业者来说，资金和渠道上显然不占有优势，那么就必须要有自己的特色。

第五部分，财务状况。这一部分不是重点，但是如果能提供有效的财务数据将会为商业计划书大幅加分。只有运行一年以上的项目，才有可能提供会计层面的财务报表。对于大多数大学生创业项目来说，运行时间都比较短，很难提供财务报表，这一部分就可以用财务预测来代替。财务预测不要太离谱，比如一年翻番，三年上市；也不能太保守，比如每年增长1%。离谱和保守的财务预测都是不合理的。

第六部分，融资与资金使用。如果不需要融资可以不写。需要融资的话首先要确定公司的估值，如果没有有效的财务数据，融资成功的可能性就大大下降，因为无法准确地对公司进行估值。同时要说明需要释放的股权比例，以及融资后资金的使用方向。

第七部分，团队介绍。许多创业者在计划书中对团队介绍大书特书，这是不合理的。商业计划书看的是项目的可行性，并不是看哪个团队更优秀，也不是优秀大学生评比。因此，团队介绍应简洁明了，说明团队组成合理，成员能够胜任相应工作即可。

创业项目：智能机器人挑战《战场传奇》单排中单60场连胜
这个创业项目相当于中国的AlphaGo
LOL

7.2 如何来一场说讲就讲的“Roadshow”?

“Roadshow”对应的中文是“路演”。

路演，是指企业的代表在讲台上通过演讲向台下的众多投资人展示和推销自己公司的产品、服务、项目，并以此获得投资的行为。据说，以前金融业还不发达的时候，企业家为了推销自己公司的股票，只好站在大街上向路人演讲以获得投资，这可能是“路演”一词的来源。当然，这一说法是否属实已无从查考，但路演的含义沿用至今。

路演一般在证券行业应用得比较广泛。在创业投资领域，创业者为了获得投资，也需要在固定的地点和集中的时间向投资人介绍自己的公司，从而获得企业发展的资金。通过路演，创业者和投资人可以零距离接触，就项目的内容和细节进行面对面的交流和切磋，加深创业者和投资人的互相了解和沟通，从而最终推动融资进程。

那么对于大学生创业者来说，如何进行一场有效而精彩的路演呢?

首先，要注意路演过程中一些会影响到成败的细节。这些细节中摆在第一位的，就是对路演时间的把握。无论是投资人参加的路演大会，还是各级创业大赛，需要路演的创业团队很多，而投资人和评委的时间则很紧张，能够留给每个创业团队的路演时间最长不超过 15 分钟，最短甚至只有 3 分钟，普遍的展示时间在 5—10 分钟。在如此短的时间内，要充分展示一个“改变世界”的创业项目，难度可想而知。一旦超出时间，无论是投资意向还是评委打分都将大打折扣，同时创业者也会给投资人和评委留下一种没有时间观念的印象。第二个细节是，在路演过程中要注意着装正式，举止得体。男女同学尽量都要穿着正装，体现出对投资人和评委的尊重。一个必须要注意的“潜规则”是，路演不要多人一起进行，尽量由团队的创始人亲自完成，切勿出现创始人要上课、开会、出差、出国还没回来的情况。试想，投资人连团队的创始人都没有见到，怎么可能给团队投资呢？投资人投的关键是“人”，尤其是创始人！

其次，路演过程要简洁明了，遵从“三句话要诀”。所谓“三句话”，就是几分钟的路演过程不要面面俱到，清晰地回答三个问题即可——你的项目解决了什么社会问题和客户“痛点”？你卖的东西是什么？你是怎么赚钱的？这三个问题其实针对着创业项目最重要的三方面：“社会问题和客户‘痛点’”解释的是项目所面对的市场，即市场是否存在，市场有多大，谁是目标客户，等等。“卖的东西是什么”则是需要创业者介绍和回答自己的产品和服务具体是什么，相对于竞争对手有什么样的核心竞争力。“怎么赚钱”则回答的是项目的商业模式问题，这也是投资人和评委最为关注的。

在路演过程中，经常出现的致命错误是，许多同学试图在短短几分钟之内将项目的情况讲得面面俱到，结果花了大量的时间在诸如团队介绍、行业背景、所获奖励等并不是核心的内容上，留给讲解市场、产品和商业模式的时间很少，甚至在规定的时间内都没有完成路演，自然很难获得投资人和评委的青睐。

总之，路演贵在用最短的时间讲出最重要的内容，切勿面面俱到，拖泥带水。

瞧一瞧 看一看啦
这就是各位天使投资
人梦寐以求的项目：
吸霾鸡！
霾蛋
Road show

7.3　如何能够在创业大赛中脱颖而出?

在“大众创业，万众创新”的氛围下，各省市以及各高校内部的创业大赛层出不穷，面对眼花缭乱的创业大赛，同学们要不要参加呢?

答案是肯定的！首先，创业大赛是最简单和风险最小的一种创业实践，对于大学生创业来说，应该从这种风险较小的实践活动做起，规避真实创业的风险。其次，通过创业大赛，同学们将学会如何撰写商业计划书，如何路演，以及如何与评委和投资人沟通，这些经验在真正的创业开始都是非常稀缺和宝贵的，应尽量通过创业大赛得到锻炼。最后，创业大赛本身还会带来奖金、加分以及评优的多方面奖励，对同学们的学业发展有直接的好处。

当然，同学们也要明白，创业大赛不等于真实的创业。在创业大赛上获得奖项，不等于真实的创业能够成功，在创业大赛上发挥不好被淘汰，也不等于真实的创业就一定失败。创业大赛更多的是一个创业实践活动，而真实的创业则是对创业者资金、资源、判断力、领导力和意志品质的全面考验，难度是远远高于创业大赛的。

那么，如何在创业大赛中脱颖而出呢?

首先，应提前参加培训。大多数同学参加各种考试之前，都会参加针对考试的培训。如果把创业大赛看成一场“考试”，那么大赛前的培训是必不可少的。大多数高校在比赛之前都会邀请创业导师来进行培训，一般都是免费的，想要参加比赛的同学一定要积极参加培训。任何比赛都是有规则的，是有“得分要点”的，能够在创业大赛中脱颖而出获得名次的同学一定是提前充分准备过，得到了“高人”指点，绝不是靠运气。

其次，注意计划书的准备。许多参加比赛的同学考虑得很周到，会在答辩之前给每位评委发放一本厚厚的计划书。但是这样也会带来问题，因为每个团队答辩的时间很有限，一般也就是三五分钟，那么厚的计划书，评委不可能看完，而且会严重分散评委对答辩的注意力。因此，给评委的计划书，一定要薄，多用图片，少用文字。一定要在计划书的第一页写概述，将路演中需要回答的三个问题用清晰的排版展示出来。

最后，尽量进行产品和服务的展示。有一句网络用语说得很好，叫作“有图有真相”，对于创业大赛来说，这句话同样适用。如果创业者的创业项目是体积小巧并且便于携带的实体类产品，如文化创意类产品、消费类电子产品、化妆品等，可以带到答辩现场，提供给评委观看甚至试用。如果是服务类项目，难以通过现场展示，可以把服务现场和服务过程拍摄成 30 秒左右的视频，在答辩现场播放。由于答辩时间非常有限，视频播放时间千万不要过长。

大学生创业大赛颁奖典礼
生化科技：点金手指
可反复回收的蹿天猴
一只很乖的机器小猫咪
1
2
3

7.4 如何有效地推广自己的项目?

“酒香不怕巷子深”，这句话其实已不适合这个“人人创客”的时代。

作为创业者，无论是针对投资人的投资、政府的扶持、媒体的关注、同行的合作，还是面向客户进行销售，都需要有效推广自己的项目，尽可能让更多的人知道项目、了解项目，才有可能从众多创业项目中脱颖而出。

想要做到广泛有效地推广自己的项目，要做到如下几点：

首先，公司的创始人一定要确定公司战略。许多大学生创业者认为创业早期主要是解决生存问题，不要花时间去讨论什么战略，其实这种想法是不正确的。公司战略的确定是公司经营思路清晰的表现。只有战略清晰，明确公司的使命、远景、价值观、目标客户、核心产品和商业模式等内容，才能随时随地向市场和社会各界介绍自己的公司。试想，一个连自己的公司是做什么的都说不上来的团队，怎么可能获得别人的关注和支持呢?

其次，公司的每一个成员都要成为宣传员。创始人要以身作则，将公司的介绍编写成体系，公司每一个成员都要掌握和背诵。基层员工遇到客户的时候，高管遇到合作伙伴和媒体的时候，创始人遇到政府相关负责人和投资人的时候，都能清晰地描述公司的战略。这样才能抓住每一次机会推广自己的项目，让更多的人了解自己。

再次，要学会与媒体搞好关系。对创业者来说，这既是一个好的时代，也是一个坏的时代。创业项目可以通过媒体传播一夜之间尽人皆知，省下成千上万的广告费，也可以因为媒体的负面报道而一夜之间土崩瓦解，走向失败。在这个信息化和网络化的时代里，可以说“成也媒体，败也媒体”。因此，初创企业不能回避媒体，更不能敌视媒体。要通过与媒体保持良好的关系而与媒体有效合作，制造有轰动效应的新闻点，引发社会的广泛关注，从而节省大量的市场推广费用。

最后，要抓住一切机会进行自我曝光。大学生创业者在创业早期应多参加一些创业大赛以及各种展会。通过这些大赛和展会，创业者可以有更多机会接触到投资人和行业内人士，他们都是我们的贵人。接触时，要积极主动，不能只知埋头苦干，甚至等别人找你。同时，积极主动并不等于死缠烂打、无端骚扰，与人沟通一定要掌握分寸，在寻求别人帮助之时不要影响别人的生活，占用别人太多时间。

人脉就是财脉，知名度就是生产力。许多创业者才华横溢，恃才傲物，自认为比别人优秀，结果缺乏足够的推广，也没有建立广泛的人脉，最终被社会埋没，导致创业失败。

交警同志，
您也来两口，
俺这酒老香了
香酒
支持香酒，支持创企！
“酒香不怕巷子深
香酒
香酒宣传车
酒驾
查酒驾

第八章
公司设立

8.1　你的公司是个什么样子?

“听说你要成立公司了，恭喜。”那么你的公司是个什么样子呢?

当然，说公司不太准确。因为企业的法律形式有个体工商户、个人独资企业、合伙企业、有限责任公司等多种形式。个体工商户、个人独资企业、合伙企业由于形式比较特殊，甚至有要对企业债务承担无限连带责任的风险，因此一般不建议大学生创业者采用。通常我们建议大学生创业者采用有限责任公司，“有限”的意思是公司的股东以出资额为限对公司的债务承担风险。这样，公司股东的责任就是“有限”的了，即使公司的债务超过了股东的投资额，也不能要求股东用个人资产偿还。因此，有限责任公司更适合大学生创业者。

成立公司第一步，就是要给自己的公司起个名字。

工商登记部门对公司的名称结构有统一明确的要求。以“北京学海无涯教育咨询有限公司”为例，公司的名称需要由如下几个部分组成:“北京”是公司的所在地。“学海无涯”是公司的主体名称，应该与公司的主营业务和文化相吻合。这个主体名称一般是2—4个字，不建议过长或过短，过长不容易记住，过短很可能造成重名无法通过。“教育咨询”是公司所在行业。“有限公司”是公司的属性。

公司名称起好以后，需要提交给工商局进行核名。如果提交的名称不符合工商局的要求，或者与已注册公司名称重合或接近，就会被工商局驳回，这时就需要重起。如果名称通过核名了，工商局就会出具核名通过的通知，创业者就可以拿着通知去注册公司了。

公司的名称有了以后，还需要设计公司的LOGO。比较简单的LOGO设计一般选择圆形或正方形，这种形状的LOGO既是轴对称的，又是中心对称的，便于在文件、网站和宣传材料上展示。LOGO设计宁可简单，不要复杂，选择的线条和颜色尽量少，能够体现公司的名称或主营业务即可。

LOGO 设计好以后需要考虑是否进行商标注册，当然商标注册的前提是公司主体已经注册完成。商标注册需要上千元的费用，需要耗时一年以上。因为创业公司的业务、战略甚至名称都有可能随时改变，所以商标的注册应尽可能慎重，一旦提交就不能修改。是否需要花费成本对公司 LOGO 进行注册，公司可根据自己的资金状况酌情考虑。

公司对外展示一般都需要有个官方网站，而官方网站需要一个域名作为网址。域名尽量选择简短的英文字母组合。当然，简短好记的域名基本都被注册了，想找到简短的域名很不容易，需要反复尝试。域名可以选择各种后缀，但尽量不要选择一些稀奇古怪的后缀，选择“. com”和“. cn”等常用的一级域名比较好。

公司有了名称、LOGO 和网址，这个创业公司的样子就有了，它终于要“登上历史舞台”了。下面就要看创业者能不能使它成为一家广为人知的伟大公司了。

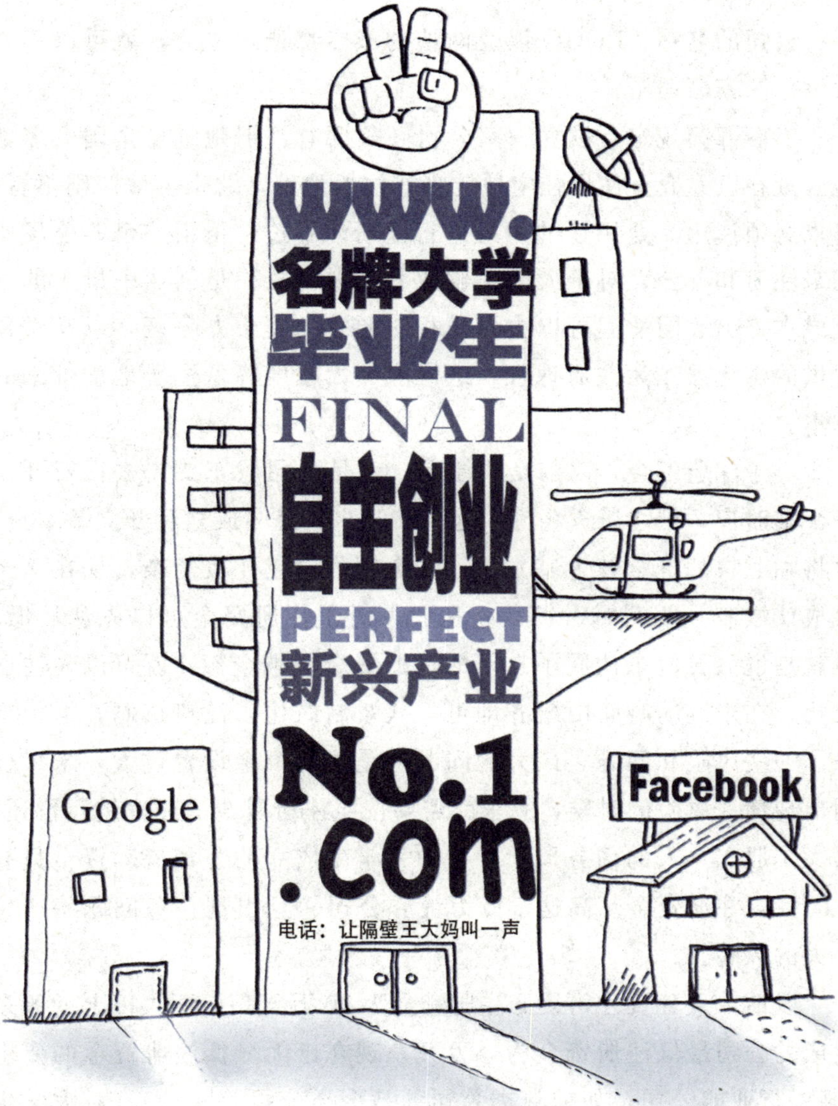
www.
名牌大学
毕业生
FINAL
自主创业
PERFECT
新兴产业
No.1
.com
电话：让隔壁王大妈叫一声
Google
Facebook

8.2 设立公司的流程是什么?

公司的名称、LOGO以及网站的域名都选定之后，就可以正式去设立一家公司了。

工商部门规定，设立一家公司必须要有注册地址，全国大多数地区现在已经允许使用住宅地址当作注册地址，北京等地区则不行，要求必须使用商业用途的房屋进行注册。不过，租用一个办公场所用来注册和办公，对于大学生创业者来说，往往是创业中最大的一笔成本支出。同学们可以去寻找相对便宜的集中办公区，以及学校提供的孵化器作为注册地址，这样能够大幅度降低注册地址带来的成本。

对于注册资金，以前是实缴制，就是公司股东要先去银行开立一个临时户，把注册资金打入这个临时户，公司成立后开立基本户，再将临时户的资金转入基本户。实缴制的过程比较复杂，现在已经改成认缴制。所谓“认缴”，就是股东对于注册资金可以先认后缴，也就是说只要股东认同了自己的注册资金缴纳金额，就可以先注册公司，在规定的时间内缴齐即可。认缴制简化了注册机制，但也带来了一些风险和问题。最大的问题就是注册资金设置过大，未来公司出现债务风险的时候，股东就需要按照注册资金的额度进行偿还，增大了股东个人的债务风险。有的大学生成立的公司流动资金只有几万元，注册资金却高达500万元，公司一旦出现债务问题将产生巨大的风险。

以前个人独资公司最低注册资金为10万元，而两人以上的股东组成的公司最低注册资金为3万元，现在已无最低注册资金的要求(某些行业的公司，如证券类公司、基金类公司等除外)。对大学生创业来说，建议多人合伙分散风险，当公司效益好了以后，可以逐渐增资提高注册资金。公司的股权结构设计可以按照之前股权结构设计的原则进行设计，在正式注册前，股东之间一定要写好股权协议，以避免纠纷。

确定了这些基本信息和手续之后，即可提交工商部门进行注册。以前每个公司有三个证照：工商营业执照、税务登记证和组织机构代码证。这三个证照要分别被送到工商局、税务局和质量技术监督局进行办理。现在进行改革以后，三个证减少为一个证，就是工商营业执照，以前三个证照有三个号码，现在统一只有一个社会信用代码。

有了营业执照以后，还需要去公安部门指定的刻章机构办理公章、财务章、合同章、发票章和人名章这五个章的刻制。其中公章最为重要，它代表了公司的权力，凡是出现公章的地方都是具有法律效力的，因此公章一定要控制在法人代表手里，因为一旦出现法律纠纷，上法院的就是法人代表了。

有了公章以后，公司还要去税务部门报到，购买开具发票的各种设备，办理开具发票的流程。同时，公司还要选择一家银行开立自己的对公基本户，用于公司的财务往来。如果公司还有社会招聘的正式员工，则需要去社保中心开立社保账户，以便给员工缴纳社会保险。有开立公积金需求的，还需去公积金中心开立公积金账户。

做完这些工作，最后一步就是印制公司各位同事的名片了。名片上的官方网站的地址要先通过省(市)通信管理局的备案才能使用。名片上的邮箱也尽可能使用与官方网站后缀一致的邮箱。最好能有固定电话，这样显得比较正规。

至此，一个完整的、正规的公司就诞生啦!

法人
银行账户
公积金账户
公章
工商营业执照
名片 官网
邮箱 固定电话
财务章
股权协议
合同章
商业用途的房屋
注册资金
法人大人在上！
法人大人您辛苦了！

8.3　设立一个公司要花多少钱?

由于采用了认缴制，可以说没有钱也能开公司了，因此许多人把创业描述为“空手套白狼”，其实这么想是不对的，因为一个公司的设立和维持，是有最基本的固定费用支出的。

最大一笔支出就是注册地址的租金支出，如果租赁真正的办公场地，即使只有十几平方米，在一线城市的年租金将达到几万元甚至几十万元，在二、三线城市也要上万元。即使不使用真正的办公地址注册，而只是选择虚拟办公区的地址，其每年的租用费用也至少需要数千元。

办理工商注册本身是不收费的，但是由于创业者一般没有办理工商注册的经验，自己去办理的时间成本会很高，比较方便的方法是选择一家工商代办公司来“跑腿”。当然，这也是需要支付服务费用的。刻五个章的费用大概还需要几百元。

为了能够给客户开发票，需要购买财务专用电脑、税控设备、发票专用打印机和发票用纸，全部的购买费用将支出数千元。另外，税务局要求每个公司都要有持有会计资质的专业财务人员，这点对于大学生来说很难实现，即使创业团队中有会计和财务专业的同学，也很难有相应的工作资质和从业经验。所以对于大学生创业公司来说，采取财务外包的方式比较合理。财务服务公司提供做账和报税等服务，一般每个月收费 300 元至 500 元，这笔开销应该是规避不了的。

到银行开立对公基本户需要交纳一系列费用，如对公账户年服务费、回单柜年使用费、密码器费、结算卡费、网络银行使用费、短信通知服务费、转账手续费等多项费用。有的费用是一次性收取的，有的费用是按年收取的，有的费用则是按次收取的。一般使用一个对公账户，每年的综合费用都在千元以上。

如果自己会建设网站，那么能节省一笔网站开发费用，如果将网站开发工作外包，则需要少则数千元多则上万元的开发费用。固定电话以及移动电话的通信费用则每年至少需要几百元。如果要注册商标的话，则需要千元以上的费用。

当然，这只是一个没有任何员工成本支出和行政支出的公司，设立这样一个公司的初始成本至少需要一万元以上。对于大学生而言，如果学校能够提供孵化器和众创空间解决注册地址这个最大的成本，那么大学生设立一个正常运营的公司的成本将降低为几千元。

不过，如果公司开始招聘员工，则成本将大幅度提高。员工最大的成本在于其工资、社会保险和个人所得税。拖欠员工工资、不给员工缴纳社会保险以及偷逃个人所得税都是违法行为。以北京地区为例，税前月薪一万元的员工，在缴纳完社会保险和个人所得税后，到手工资只有七千多元，而企业将付出超过一万四千元的成本。这对大学生初创企业来说，将是一笔很大的开销。

不当家不知柴米贵，每一个想创业的大学生都需要在创业之前计算好公司设立的初始成本，防止资金链断裂，从而将创业失败的风险降到最低。

大学生创业产业基地
孵化器项目
孵化辅导员

8.4 大学生创业能获得哪些支持?

大学生创业与社会人士创业有着显著的区别：大学生创业一般都是兼职状态，还有学业需要完成，休学和退学创业的毕竟是少数。同时，大学生的社会资源不多，尤其是资金有限，承担风险的能力比较差。这些特点都需要国家、社会和学校对大学生创业提供相应的支持。

大学生创业首先考虑从所在高校获得相应支持。随着创业教育工作在高等教育领域的开展，各个高校都有针对本校学生的专项培训和扶持计划。绝大多数同学都可以参加学校举办的相关讲座和培训。有创业意向的同学则可以进一步参加学校组织的创业专项训练营，提高创业技能。已经开始创业实践和真正创业的同学，则可以接受学校提供的校内外创业导师面对面指导与培训，还能参加各级各类的创业大赛。这些针对同学们的培训和服务都是免费的，同学们应积极参与。

部分学校还可以为创业团队提供注册地址和办公场所，从而为创业团队节省下租赁办公地点的成本。同时，学校的众创空间也可以提供活动场地、手续办理、财务和法律咨询、打印复印等服务，帮助创业团队降低办公成本。

除了学校以外，社会层面也有大量的创业扶持和孵化机构面向大学生开放，如创业产业园区、创业孵化基地、创业咖啡馆、服务式集中办公区等场所可以以较低的价格为大学生提供注册地址和办公场所，同时可以为创业者提供需要的相关服务。不过，除了学校设置的孵化机构以外，大部分社会创业孵化机构一般都不区分社会创业者和大学生创业者。因为孵化器的资源也比较紧张，创业者想入住孵化器都要提交相关申请，通过审核以后才可以入住。

政府也在政策方面、资金方面和活动方面为大学生创业提供了相关支持。各地区的共青团和教委也会定期举办创业比赛，选拔和培育有价值的项目，获奖团队可以获得相应的资金支持和政策支持。工商、税务等部门也开放了针对大学生创业的绿色办理通道，大学生创业者还可以申请小额担保贷款。

同时，许多互联网平台也为大学生创业者提供了展示自己项目、获得投资人投资的机会。这些平台的使用都是免费的，创业者可以把自己的商业计划书上传到网站上，这些网站将通过技术和人工相结合的方式，将合适的项目推送给相应的投资人，以提高创业项目获得投资的机会。

综上，大学生创业者可以从学校、政府和社会三个方面获得相关的政策、资源与资金支持，同学们千万不要浪费自己的大学生身份，要尽量争取支持，从而最大限度的降低创业初期的成本。

到达人生巅峰
投资人支持
获取贷款支持
参加创业大赛
政府资金
政策支持
创业企业获得
母校支持
孵化基地等

第九章
公司运营

9.1 市场推广有什么好方法?
9.2 何为四步连贯销售法?
9.3 为什么财务和法务很重要?
9.4 创业的结局有哪些?

9.1　市场推广有什么好方法？

很多创业者厘不清“市场”和“销售”的关系，其实二者区别非常大。在公司里，市场部是一个花钱的部门，而销售部则是一个赚钱的部门。市场部门是为销售部门服务的，换句话说，市场部门花钱，是为了销售部门赚钱。

一般来说，市场推广的目的是让更多的目标客户知道创业者的产品和服务。市场推广的手段也是多种多样，分为线上和线下两个渠道。线上和线下推广的成本、方式和目标对象都不太相同，创业者要根据项目自身的特点综合考虑采用什么样的推广方式最为有效。

线上的推广渠道，除了四大媒体即广播、电视、报纸、杂志以外，使用最多的就是互联网推广。广播、电视、报纸、杂志等渠道的推广方式主要是接受采访和打广告两种，能够接受媒体采访的企业需要有很高的知名度，而在传统媒体上发布广告则成本很高。鉴于此，大学生创业团队选择传统媒体进行线上推广是不太可行的。

对大学生创业团队来说，通过互联网的方式推广则是比较好的选择。当然，互联网也有不少推广方式的成本是很高的，比如说购买门户网站的广告，购买搜索引擎的关键词和排名，等等，并不比传统媒体便宜，因此不利于大学生创业团队选择。那些免费的互联网推广方式则比较适合大学生，比如在与业务相关的论坛发布讨论帖，通过微博、微信公众号以及微信朋友圈等渠道发布市场推广信息，还可以注册淘宝店和手机网店推广自己的产品或服务，这些平台的使用都是免费的。

线下的市场推广方式很多时候被称为地面推广，简称“地推”。地面推广的方式比较常见，比如在目标客户密集的地点发放传单，直接邮寄广告，将目标客户集中以后进行会议营销，设立线下销售网点，举办展会和发起活动等。

线下推广的方式也有一定的成本，主要是宣传物料和推广人员的成本。不过线下推广的成本比较可控，目标人群比较集中，投入产出比比较容易计算，能够有效控制在市场推广的效果方面的风险。

至于究竟选择线上还是线下的方式进行推广，与创业项目的特点有关，也与创业者熟悉哪种推广方式有关。产品明确，不需要线下服务网点，面向较广地区的创业项目，可以选择以线上为主的推广方式。产品需要解释，需要线下服务网点，只能覆盖某一特定地区的创业项目，则应考虑以线下推广为主。

当然，在这个移动互联网的时代，不管是什么样的商业活动，线上和线下相结合的市场推广方式都是必不可少的，在实际操作过程中有所侧重即可。

鸭梨手机难道您不想体验一下吗
鸭梨手机我的最爱
手机我一直用鸭梨手机
鸭梨手机，一直在您身边
这就是我鸭梨手机
Tech-book
鸭梨充电宝

9.2 何为四步连贯销售法？

销售，对于大学生来说，可能是一个相对比较陌生的词汇。有很多同学认为销售是一种天赋，没有这种天赋就不适合做销售。还有同学认为只有外向型的人才能做好销售，内向型的人做销售一定是不合适、不会成功的。这些想法都是不正确的。

销售确实是一个压力比较大的工作，是一个与人打交道的工作，自然外向型的人更适合一些。但是，销售也不完全依靠天赋，因为销售是一个过程，完全可以通过过程管理来学会销售。内向型的人掌握了销售的方法，也能够把销售做得很好。四步连贯销售法是一个好的销售流程，由接触、说明、促成和成交四步组成。

第一步，接触客户。所谓“接触”，就是预判客户有可能出现在哪些渠道和场合，通过市场推广的手段，甚至陌生拜访的手段，与客户建立接触。接触客户的唯一目的，就是获得销售线索，与客户建立联系。获得销售线索指的是获得能够联系客户的方式，最典型的就是电话号码、电子邮箱、微信号、QQ 号码，甚至客户的地址。但是获得了销售线索，并不等于完成了接触客户的工作，我们获得了一个客户的电话号码，但是客户并不认识我们，这不能算是接触上了客户。一定要与客户联系上，甚至让客户知道、记住我们是谁。

第二步，向客户说明。接触上客户以后，销售人员要开始向客户介绍公司的产品和服务。许多销售人员在这个环节中经常犯的错误是，一直滔滔不绝地向客户讲解产品多么优秀，客户多么需要，而根本没有关注客户的反应和反馈。其实判断客户是否进入到说明这一阶段，主要不是看销售人员介绍了多少内容，而是看客户是否提出了问题。不断提问的客户，才是进入了说明环节。大家一定要记住，好的销售绝不是说出来的，而是问出来的。只有销售人员不断的提问，客户不断的反馈，并问出新的问题，才说明客户在不断确认自己的需求。在说明过程中，要尽量使销售和客户双方的沟通时间比例相当，任何一方过于长时间的表达，都不利于成交。

第三步，促成成交。当客户对产品已经完全了解，并且确认了价格以后，销售就应该进入促成环节。判断促成环节与否的标志，是客户是否对销售人员提出了要求，最典型的要求就是“这个产品太贵了，能不能便宜一些?”。当客户提出了要求，就说明他已经在考虑成交，只是想争取更多的优惠。针对价格这个问题，其实有很多种回答方式，比如一次性购买得比较多可以享受批发价，虽然不能降价但是可以有赠品、向上级领导申请给予折扣等。

第四步，完成成交。即使签署了合同也不能算完成了成交，完成成交的唯一标志就是客户付费。经常出现的情况是，在最佳收费时机 POS 机不可用、销售人员和财务人员因为记不住对公账户等原因导致收款失败，结果客户反悔，销售失败，这是非常不应该的。成交的全过程最重要的就是最后收费的过程，如果这个环节把握不好，可谓功败垂成，前功尽弃。

以上就是完整销售流程的四个步骤，创业者可以根据这四个步骤对客户进行阶段分类，使销售过程变得可控、可预测。

感谢您支持
大学生创业！
应该的
应该的！
成
交

9.3　为什么财务和法务很重要？

大多数大学生创业者不太懂、也不太重视财务和法务，但最有可能给公司带来巨大风险的方面，就是财务和法务了。因为财务和法务都需要专业技能和专业资质，大学生创业者很难既拥有会计资格证又通过了司法考试，遑论相关经验了。

财务部门是公司的要害部门，这就是为什么许多公司，尤其是家族企业的财务工作都掌握在老板的亲信甚至家人手里。对于大学生创业者来说，一般财务工作都是外包给财务公司完成的，账目究竟做成什么样，有没有错误，会不会给公司留下隐患，其实创业者基本是很难知道的。这就要求创业者在选择财务公司的时候一定要慎重，要认真考察财务公司的资质，以及其服务态度和商业道德。另外，如果创业者的亲朋好友里有财务相关从业人员，可以请他们经常跟财务公司对接，检查财务公司所做账目是否有问题。

创业者自己要努力学习财务知识，尤其是税法知识。比如，许多大学生创业者在创业初期没有财务和税务意识，公司的许多支出都没有索要发票，导致公司的利润增加，年底就需要缴纳企业所得税。创业者缺乏财务知识，造成了公司看起来盈利还交了所得税，但实际却赔了钱的尴尬局面。

另外，为了保证公司的安全，公司的创始人一定要对公司的对公账户和库存现金做到绝对控制，严格做到账和钱分离。这样即使账目出现问题，也不会马上导致直接的损失。掌握财务的实际控制权，能够在公司内部的纠纷中占据主动地位，同时可以有效的防止员工违规支出甚至挪用公款。

除了财务方面的问题，法务方面的问题也应引起创业者的高度重视。

与学习财务知识类似，创业者也应积极学习创业和经营公司相关的法律，如《公司法》《合同法》《劳动法》《税法》《会计法》等等。创业者千万不能成为法盲，因为不知道相关的法律规定，按照自己的想象“理所当然”地管理公司，结果竟然在不知不觉中触犯了法律，轻则受到处罚，重则有可能被告上法庭，惹上官司。

大学生创业者从创业初期就应养成一个良好的习惯，那就是嘴上说的都不算数，不给任何人口头承诺，也不相信任何人的口头承诺，一切以白纸黑字的协议为准。当然做到这一点相当不容易。一方面，初创企业的合伙人和早期员工很多时候是同学和朋友，“亲兄弟明算账”往往让有些人感情上难以接受，感觉把利益和可能的风险拿到桌面上说很尴尬；另一方面，初创企业变化特别大，今天的策略可能明天就变了，很多时候协议刚签署几天就要废止，反复调整让大家感觉很不正规。而且如果签署了约定期很长的协议，一旦出现变动甚至会产生纠纷。基于这两点原因，很多创业团队不愿意把确定的事情落实到纸面上，大家更愿意“走着瞧”。

这种状态是创业过程中很不好的一个习惯，创业初期公司没什么收益，每个人多拿一些少拿一些差别不大，一旦公司做大甚至上市，很多利益冲突就会变得不可调和。因此创始人一定要在早期把所有可以跟内部团队和外部客户约定好的事项尽量落实到纸面上，这既是对团队和客户负责，也是对自己负责。当然，如果担心协议的时效过长，应在协议中约定履行时限和退出机制，尽可能多次签署短期协议，而不要随意签署长期协议。

搞初创企业的毕业生应该很好骗
隐蔽在社会中的骗子
钻法律漏洞的坏人
左护法：法律黑衣人
右护法：财务老宗师
法典
初创资金

9.4 创业的结局有哪些?

创业如果是一场有起点的征途，那么必然也有终点，那么创业的终点在哪里？是不是每一个创业公司的终点都有鲜花、掌声和欢呼呢？

答案是否定的。

绝大多数的创业以失败而告终，大多数创业公司几年后就失败了，有的公司甚至还没有开始经营，连一张发票也没开就倒闭了。能够持续经营超过三到五年的公司几乎可以说是凤毛麟角，每年有大量的公司注册诞生，又有大量的公司倒闭注销。

所以，创业失败是个大概率事件，而且如果经营时间足够长，任何一家公司也都无法避免最终被淘汰的结局——很多著名的大公司在某些历史时期都是让其竞争对手无法望其项背的，但是最终也逐渐销声匿迹。

创业失败所要面对的操作层面的问题就是破产清算，然后到税务和工商部门办理注销。创业者可能会发现注册一个公司很简单，提供身份证明和相关材料就可以在一个月左右的时间顺利完成，但是注销公司则是一件非常麻烦和痛苦的事情，并不是在公司的门上贴个封条这么简单。

如果一个公司并没有开展任何业务，注销起来相对容易，如果开展了业务，并且有了经营收入和外部债务，那注销过程就会变得非常麻烦。公司要成立以股东为成员的清算组，通知债权人进行债权申报，然后开展清算工作，对公司现有资产进行清算。清算组制定清算方案，上报股东大会或人民法院。股东大会或人民法院根据清算方案要求公司对员工工资、社会保险、各种欠款、对外债务等进行清偿。全部清偿完成后，到工商部门申请注销。注销完成后，凭相关证明关闭社保账户、银行基本账户等。

这个过程听起来并不复杂，但在实际操作过程中则有很多现实问题。公司的破产清算首先要进行外部财务审计，而审计费用则是一笔不小的开支。同时，税务部门又将对公司的税务情况进行审核，以确保公司没有偷税漏税等违法行为。如果在清算过程中发生资不抵债，或者股东与债权人、股东与股东之间发生纠纷，还可能需要律师和法院的介入，而律师费和诉讼费又是一笔不小的开支。

公司的注销是一个漫长的过程。不少公司的注销工作从开始办理到最终办理完成，可能要经历一年以上的时间，最少的花费也需要数千元。如果一个已经不再经营的公司拖着不办理注销手续，试图变成一个“僵尸公司”，那也会不断产生各种成本和费用。时间久了，公司的法人代表还会登上工商部门的黑名单，在一定范围内不再允许“僵尸公司”的法人代表注册新公司。

相对于注销来说，比较好的创业结局就是上市和被并购了。当然，严格意义上来说，上市只不过是创业过程中的一个阶段，不能算是一种结局，毕竟上市公司被退市，甚至退市后逐渐衰败的情况也比比皆是。只不过上市往往是大多数公司很难实现的一个目标，一旦实现就可以被认为是创业阶段性成功了，也算是一个短期结局。

从经济利益角度来看，最赚钱和最成功的创业结局莫过于创业公司被其他公司，尤其是被上市公司以一个比较好的价格收购了。创业者在被收购过程中所获得的现金回报，无论从数量还是速度来说，很多时候甚至都优于上市后套现所得。

当然，如果创始人更希望自己永远地把一家公司做下去也没问题，那就努力坚持下去，做一家属于自己的“百年老店”吧！

破产清算中
心若在，梦就在，
只不过是从头再来！
Sale

后　记

创业，在大学生眼中，太远又太近。马云、俞敏洪、程维……都是“神”一般的存在，他们是人生赢家，具有超凡的才华，年纪轻轻就有了自己的商业帝国。他们处在云端，是英雄，只能仰望。然而，创业者也并非总是遥不可及。张三、李四、王五……身边的同学，甚至还有宿舍里那个不爱洗脚的哥们儿，他们同样创立了属于自己的事业，虽然事业规模不大，却也干得有声有色。他们近在咫尺，他们是“草根”，也是创业者。

那么，创业究竟是天才的构想，还是我们共同的事业？创业是能够学会的吗？不想创业的人有没有必要了解创业？创业与就业的本质区别是什么？如何成立公司？如何面对风险？如何把企业做大做强？大学生对这些问题产生了疑惑。他们知道，随着“大众创业，万众创新”战略的实施，国家、社会和学校出台了一系列帮扶大学生创业的新举措。创业不再是企业家的专利，它越来越多的走进校园，逐渐揭开神秘面纱，成为这个时代每一个敢想敢干、勇于拼搏的年轻人新的人生选择。大学生需要依靠一本简单明了的创业书，走进创业，一睹究竟，这就是本书撰写的初衷。

《你的第一本创业书》以问题为导向，从创业的基本概念、准备工作、团队组建、商业模式选择、计划书写作，以及如何筹措资金和管理公司等，系统回答了大学生在创业过程中可能遇到的难题。本书文字妙趣横生、通俗易懂，还配上了大量主题漫画，轻松诙谐又不失专业严谨。我们相信，阅读这本书，可以帮助大学生唤醒创业意识、培养创业精神、掌握基本的创业知识和技能，更好地做出人生抉择。本书由首都师范大学党委副书记缪劲翔、招生就业处处长孙彤策划、审定，由具有丰富咨询和教学经验的一线骨干教师编写。为了提升本书实用性，我们还特别邀请了首都师范大学校外导师、北京生涯互联科技有限公司姜萌董事长和孟翊洁总经理撰写了部分文稿，并对全书进行了通读。丹东电视台邵孟奇绘制了精美的漫画。首都师范大学出版社杨生平总编辑、俞斌编辑和陈娇娇编辑等为本书的出版付出了很多心血，在此表示衷心地感谢。

编者

2017 年 7 月